Gorda en Los Angeles

(Hmm.... Soy yo?)

Fotografía: Inez Lewis Photography

Directora Creativa: Munirah Terrell
designsbymunirah@gmail.com

Maquillaje: Black Brilliance Beauty
Blackbrilliancel@gmail.com

Editor: Steve Robinson mboyars28@gmail.com

CONTENIDO

Este libro está dedicado a mi Padre, el Doctor Artis Tawheed, y en memoria de mi madre, Ruth Eleanor Smith quien falleció por cáncer de Páncreas.

DATOS SOBRE EL CANCER DE PANCREAS

- Se estima que 46,420 norteamericanos será diagnosticado con cáncer de páncreas en los Estados Unidos y más de 39,590 morirán de esta enfermedad.

- El cáncer de Páncreas es uno de los pocos cánceres en la que la tasa de supervivencia no ha mejorado por casi 40 años

- El cáncer de páncreas es la cuarta principal causa de muerte relacionada al cáncer en los Estados Unidos.

- El cáncer de páncreas tiene la tasa de mortalidad más alta de todos los cánceres. 94% de los pacientes con cáncer de páncreas morirá dentro de 5 años luego del diagnóstico- sólo 6% vivirá más de 5 años. 74% de los pacientes muere dentro del primer año de diagnóstico.

- La expectativa de vida promedio después del diagnóstico es sólo de tres a seis meses.

- Pocos factores de riesgo de desarrollar cáncer de páncreas están definidos. Historia familiar de la enfermedad, fumar, la edad, y la diabetes son factores de riesgo.

- El cáncer de páncreas puede causar sólo síntomas inciertos que podrían indicar muchas condiciones diferentes dentro del abdomen o el tracto intestinal. Los síntomas incluyen dolor (usualmente dolor abdominal o de espalda), pérdida de peso, ictericia (color amarillento de la piel y ojos), pérdida de apetito, náuseas, cambios en las heces, y diabetes.

- Las opciones de tratamiento para el cáncer de páncreas son limitadas. La remoción quirúrgica del tumor es posible en menos del 20% de los pacientes diagnosticados con cáncer de páncreas. La quimioterapia con radiación es típicamente ofrecida a los pacientes cuyos tumores no pueden ser removidos quirúrgicamente.

- El cáncer de páncreas es la principal causa de muerte en gran medida porque no hay herramientas de detección para diagnosticar la enfermedad en sus etapas tempranas cuando la remoción quirúrgica es aún posible.

(*Datos sobre cáncer pancreático obtenidos de www.pancan.org)

El cáncer es una enfermedad cruel que se ha llevado incontables vidas. Ningún cáncer es más importante que otro. Espero que algún día haya una cura para todos los cánceres.

1

Hollywood Blvd: Sin marcha atrás

Sé lo que muchos, si no todos ustedes, están pensando

¿Ha perdido ella su condenada cabeza? ¿Qué la habrá poseído para mostrar todo ESO en público, en un bikini, a mitad del día en una calle concurrida?

¿Saben qué? Lo comprendo. Puedo entender perfectamente como llegarían a esa conclusión. En una ciudad como Hollywood donde el único número de un dígito sobre el cual se fanfarronea es sobre la talla de vestido de una mujer, una mujer de mi talla a menudo es menospreciada, subestimada o se le da la mirada de "por-que-no-sueltas-el-tenedor- y-comes-una-ensalada"

Pero en mi defensa puedo decir que lo que otros piensan de mí es simplemente lo que no soy. Siempre he sido, desde una pequeña niña hasta una mujer adulta, alguien que ha sido criada para vivir su vida a máximo. Mis padres me infundieron un intenso amor por mí, mi familia y mi comunidad. Es todo lo que aprendí madurando.

Sin embargo, como cualquier otra mujer, no fue hasta mis 20 que comencé a experimentar la vida, libre de la paralizante garra de la inseguridad y la desconfianza. Amo leer, amo la música y amo bailar. Disfruto conocer gente, toda clase de gente. Soy alegría en mi andar, la salsa de mis caderas y el ritmo en mis pasos. Creo en vivir la vida al máximo. Mis padres trataron de infundir esta confianza en mí desde temprana edad. Pero nunca lo entendí hasta que tenía mucha más edad.

Actualmente la confianza en mí misma brilla tanto como la estrella matutina en un día claro de verano. Una vez que me aferraba a esa realidad, me preguntaba cómo sobreviví clase de experiencia rompe huesos que James Brown debió haber sentido antes de gritar "solo quiero retroceder y besarme"

No me malinterpreten. No voy a decirles las cosas que la gente me ha dicho en toda mi vida, incluyendo las cosas que ellos creen que no he oído; no tienen un efecto en mí. Yo sabía que estaba en una talla que es antinatural para mi estructura ósea. Mis ojos estaban abiertos al hecho de que, según el Departamento de Salud y Servicios Humanos de Estados Unidos, las mujeres afroamericanas tienen la mayor tasa de obesidad en los Estados Unidos, un total de 1,5 veces mayor que el grupo inmediatamente superior. Yo estaba consciente de que el sobrepeso puede causar una multitud de enfermedades que podrían matarme. Yo sabía todas esas cosas y es evidente que no me alejaban de tomar ciertas decisiones dietéticas que jugaban en mi contra. Siempre he sido consciente de que estar gorda no es saludable. Pero ¿sabes qué otra cosa no era saludable? No era saludable como algunas personas nos trataban a algunas de nosotras, aquellas que no nos ajustábamos a la religión de la conciencia corporal que está en completa onda en el sur de California.

Déjenme explicarles. Muchas veces mi peso se convierte en el centro de la atención, no importa donde vaya. Cuando estoy hablando con alguien, siempre puedo ver cuando sus ojos no están viéndome, pero están viéndome. Esta es la sutil diferencia que yo llamo tener que lidiar con la otra.

La otra es cuando una persona está hablándote, como si estuviera señalando con sus palabras en un sentido general sin tener realmente cuidado si esas palabras llegan a su destino. La otra es como una sombra en la pared en lugar de la imagen real. Por desgracia para la mujer, una característica física dominante puede ser más importante que la persona que posea estas características. Por ejemplo, Señoras, si tiene grandes pechos, ¿Cuántas veces durante una conversación tienes que intencionalmente redirigir a un hombre de la atención a tus ojos en vez de a tus "niñas"? ¡Te conviertes en un "par de senos con una voz " en lugar de una "voz con un par de senos"! En caso de no lo sepas, hay una gran diferencia entre los dos.

Asimismo, durante la mayor parte de mi vida adulta he tenido que lidiar con el hecho de que aunque soy esta bola de energía increíblemente pasional, llena de creatividad y expresión artística a menudo era ignorada porque bueno, soy gorda. Ser gorda debe significar que estoy deprimida. Debe significar que no tengo nada que ofrecer salvo la dirección del mejor restaurante de la ciudad. Ninguna de estas cosas podría estar más lejos de la verdad, pero sería necesario conocerme para averiguarlo. Lamentablemente, mucha gente no puede ir más allá de lo visual cuando estoy parada frente a ellos.

Ahora ya saben quién es *la otra*

Así que, como dice el viejo refrán, "si no puedes vencerlos, úneteles" he dado a la otra un nombre, una dirección y su propia página de Instagram. "Hola, Mi nombre es Amani. Esta es mi amiga, gorda en Los Angeles. Ella nos acompañará hoy. Intenten ignorarla. Yo lo hago. En serio, yo tenía que encontrar una manera de salir de atrás de la otra. Ella estaba empezando a poner un verdadero impacto en mi vida. Yo ya no sabía si la gente en mi vida la veía a ella o a mí y si es así, ¿Por quién finalmente se sentían atraídos? ¿Cómo iba a hacer saber al mundo que yo existía?

Mis amigos y familia sabían quién era yo, y me amaban. Pero para mí, eso no contaba. Esas eran las personas que suponía que me amaban. ¿Qué hay de la gente que ni siquiera se daba cuenta de que yo existía? Mi vida ruidosa pronto estableció un lugar en ellos. ¿Cuántas otras mujeres habían vivido a través de este mismo prisma que he vivido, de tener que navegar alrededor de la otra? Afortunadamente, yo tenía una familia comprensiva que me dio una increíble base de amor y admiración para construir. No me podía imaginar haber hecho esta transición sin su apoyo.

Pero ¿Qué hay de todas las mujeres que no tienen la red de apoyo que yo tuve? ¿Qué hay de las mujeres que no tuvieron la fuerza, por cuenta propia, de salir de la paralizante garra del miedo y auto-desprecio? Yo también había estado allí y me di cuenta de cuán

13

agotador podría ser. Liberarme de ella me tomó mucho más que solo tiempo. Requirió valentía. Ahora que me había vuelto lo suficientemente valiente por mí, era el momento para ser valiente por todas las mujeres que estaban sofocadas bajo la opresiva y la abrumadora carga de ser inseguras acerca de sus cuerpos.

Ya era suficiente! En el proceso de mostrar al mundo exactamente quién era yo, sustentaría la causa sobre la inseguridad en la imagen corporal de todas las mujeres.

Pero ¿Cómo?

Mientras estos pensamientos estaban rumiando profundamente en mí, la gente que me rodeaba y que yo conocía durante muchos años comenzó a reiterar sobre mí algo sobre lo que yo había estado consciente durante años. Fue el hecho de que, para ellos, siempre había sido una persona muy segura. Lo que no sabían es que ellos estaban viendo la nueva Amani completa con el 14.0 de mejora. No estaban ni cerca de ver la Amani con el sistema operativo dañado que muchas veces falló. Aunque yo lidiaba de forma privada con la otra, para ellos yo había sido un pilar de la confianza y valentía.

Pasado el tiempo, a medida que me apoderé de mi nueva confianza, temer acercarme a alguien y pedir lo que quería era menos que un obstáculo. De hecho, no era un obstáculo en lo absoluto. Sí, ya me había vuelto muy cómoda en mi propia piel. Simplemente quería menos con que lidiar.

Ahí es cuando me di cuenta. Yo sabía que haría. La otra no se asustaría fácilmente, ni se conmovería por las sutilezas. Yo tenía que hacer algo grande y en negrita. Yo tenía que romper la carcasa exterior crujiente de confort y poner todas mis fichas en la mesa.

Me puse en contacto con la estación de noticias local y les envié mi genial idea. Honestamente, yo no tenía ningún tipo de expectativas. Fue en forma de email. Yo sabía que, viviendo en el área metropolitana más importante del sur de California, ellos probablemente recibían no miles, si no decenas de miles de correos electrónicos cada día. Yo aún seguiría en mi misión, pero estar en la televisión de seguro me ayudaría a difundir mi mensaje mucho más rápido. Así que, la vida continuaba para mí.

Finalmente, la estación de noticias se puso en contacto conmigo. Yo estaba gratamente sorprendida. No, ¡edita eso! ¡Yo estaba asombrada! De entre todos los correos electrónicos que recibían cada día, respondieron el mío. Las cosas definitivamente estaban comenzando a mejorar.

"Esto es realmente va a suceder", me dije a mí misma. Entonces el reportero me contactó y acordamos un lugar y hora. Ahora todo se trataba de luces, cámaras, ¡acción!

Llamé a mi amiga maquilladora de Black Brilliance y le dije que necesitaba que llegara más temprano para arreglarme. Luego fui y escogí un bikini algo desgastado para ponerme.

Sé que aquí es donde la mayoría de la gente tiene un problema con lo que hice porque, bueno, para alguien que es gorda, siempre viene la pregunta "¿por qué no te pusiste un traje de baño entero?". "Eso te habría dado más apoyo".

La verdad del asunto es que yo quería ser vista tanto como fuera posible. Yo sabía que iba a recibir toda la gama de emociones, de ser repelida o despertar la grasa fetiche reflejo que algunos hombres (y mujeres) tienen hacia las mujeres gordas. Estar desnuda, o casi desnuda, es una de las cosas más liberadoras que he hecho en mi vida. Es como una poderosa expresión de liberación y la transparencia, porque no hay nada que ocultar detrás. La gente te ve por quien realmente eres. No hay spanx, control-top pantimedias o ropa de talla grande que te cubra. Eres solo tú y el espacio vacío que te rodea.

Aun así yo sabía que estaba asumiendo una postura muy arriesgada. Después de todo, mucha gente sólo vería una mujer gorda caminando por la calle en bikini. Sin importarme el asombro de sus rostros lo que yo quería era que vieran que había mucho más. En el día y la hora que acordamos, escuché tocar la puerta. Era mi maquilladora. Ella vino e hizo un gran trabajo. Como mis amigos dirían "¡mi cara estaba tocada por los dioses!"

Mi cabello fue arreglado, mi maquillaje estaba bien, y ahora todo lo que tenía que hacer era ponerme mi bikini.

Ponérmelo fue una experiencia liberadora. Me gustó la sencillez de no tener ningún botón que abrochar, o cremallera que cerrar. Todo lo que tuve que hacer fue atarlo a la espalda, ajustar las niñas, ponerme la parte de abajo y dirigirme a la puerta.

En cuanto me encontré afuera con mi bikini, Intenté que todos los que me vieran realmente me vieran. Me di cuenta que lo que yo llevaba puesto era extremadamente revelador, pero por extraño que parezca nunca me sentí cohibida.

Mientras caminaba por la calle había un equipo de construcción trabajando afuera. Ellos estaban reparando algo en la calle y se detuvieron para mirarme. Me imaginaba la mayoría de ellos pensaban lo mismo, "¿por qué ella está caminando en bikini por la calle tan temprano?".

Algunos hombres sonreían y otros miraban escandalizados. Pero todos ellos voltearon para mirarme, o para ser exactos mirar a la otra. A estas alturas no me importaba. Sentía un profundo sentimiento de gratitud en ese momento porque yo sabía que estaban viendo algo muy especial que estaba por suceder.

Y eso me gustó

La reportera de la estación de noticias local me llamó (ni me pregunten donde puse el teléfono) y me preguntaron si tenía una bata. Le dije que yo ya estaba en frente de mi edificio, en bikini. Ella empezó a reírse y enseguida supe que ella pensó que yo estaba loca.

Y quizás lo estaba. Tal vez yo estaba lo suficientemente loca para hacer que la gente finalmente empezara a verme como una mujer confiada. Yo sabía que al fin había conseguido algo.

Ella me preguntó si no tenía más ropa así que cogí mi chaqueta deportiva púrpura y mis pantalones capris de ejercicio y me dirigí a Hollywood Boulevard, donde acordamos reunirnos. Cuando llegué allí, la reportera y su productor/camarógrafo ya estaban instalados. Poco sabían lo que yo tenía en mente y que había resuelto que se trataría más de una misión que un acto de entretenimiento. TUVE que hacer esto. Había conocido demasiadas mujeres delgadas y gordas que sufrían de baja autoestima.

Si nunca has ido a Hollywood Boulevard, es la calle en Hollywood, California, con todas las estrellas conmemorativas de Hollywood incrustadas en la acera. Allí También está el mundialmente famoso Teatro Chino Grumman, el Teatro Dolby (donde se filman los premios de la Academia), el histórico Teatro El Capitán (que ahora es el hogar exclusivo para todas las películas de Walt Disney) y muchos más lugares de tipo turístico. Gente de todo el mundo vienen a esta calle a diario para tomar fotografías, tomar autobuses turísticos o que les tomen fotos.

Aquí es donde hice mi gran revelación. En la mitad del día, con las cámaras rodando, ya sin la chaqueta y los pantalones capris de ejercicio. Yo estaba de pie con nada más que un colorido bikini de dos piezas, un par de sandalias y una sonrisa. Mi adrenalina estaba al máximo. ¡Yo estaba tan emocionada! Me imaginaba que esto era como caminar por el escenario para aceptar el premio de la Academia como mejor actriz. Las cámaras estaban rodando y ahora yo estaba en una misión aprobada.

Inmediatamente me di cuenta de que las personas estaban comenzando a prestar atención. La periodista me dio las indicaciones para empezar a caminar por la concurrida calle e interactuar con la gente que veía. Se lo agradecí. Lo que ocurrió a continuación estaba fuera de cualquier película.

Cuando empecé a interactuar con diferentes personas mientras caminaba, muchos de los hombres comenzaron a sacar sus cámaras para tomarme fotos y grabarme. Me dirigí a uno de ellos y le pregunté si le importaba ser filmado por el equipo de noticias. El rechazó mi petición, pero seguía grabándome descaradamente. Una mujer, que era casi de mi talla, caminó hacia mí con una mirada de disgusto en su cara. Yo seguí caminando por la calle, sin desanimarme por la mirada de horror en su cara. No me importó. Estaba obligándola a verme y quizás incluso a verse a sí misma de una forma que obviamente ella no estaba lista. Me regresé, di una vuelta alrededor y de ella y me dijo, "eres valiente".

Continué caminando a través de la multitud de personas, siendo fotografiada mientras lanzaba besos a los turistas en los autobuses. Me sentí audaz y valiente con el equipo de noticias animándome. Las personas alrededor de mí comenzaron a detenerse y mirarme. Sabían que algo estaba sucediendo con todas esas cámaras. ¡Simplemente no sabían qué!

Yo era perfectamente consciente de lo que estaba pasando. Lo que ha sido ignorado durante años en el interior había reaparecido en el exterior y bullía más. Aquí estaba yo, una mujer gorda, segura de sí misma, caminando por quizá una de las calles más emblemáticas en el mundo siendo observada por cientos de desconocidos, reafirmándome que estaba haciendo lo correcto.

Muchos años antes, me sentía cómoda en mi propia piel. Ya no estaba avergonzada de mi propio cuerpo. Pero este paseo no era sólo mí. Era por la mujer por la que pasé cerca que en un primer momento me miró con disgusto y luego hizo el comentario acerca de ser valiente.

Tal vez alguien como ella se sintió empoderada por mi simple acto. Tal vez alguien como ella iría a casa a mirar su propio cuerpo y dejaría de ser tan insegura acerca de su peso. Tal vez ella me miraría y diría "si ella puede hacerlo, yo puedo hacerlo".

Quizás, sólo quizás, yo podría cambiar la trayectoria de su autoestima, y ella podría pasar esa confianza en sí misma a alguien más, y ellos, a su vez, podrían hacer lo mismo con alguien más.

Quizás, después de verme tan "allá afuera" y libre, ella iría a casa y reconsideraría por qué ella me miró, y viendo una no-tan- vestida versión de sí misma, decidiría que está bien… Simplemente ser tú misma. Sea lo que fuera, yo esperaba sinceramente ser ese día la medicina que la persona indicaba necesitaba.

Por supuesto, hubo unos cuantos comentarios que me agarraron desprevenida. Afrontémoslo, yo estaba en Hollywood en un bikini, caminando por la calle. Pero ¿sabes qué? ¡Todo estaba bien! Hubo un chico muy agradable que me pidió un twerk por $ 1.

"Eres muy sexy", Me dijo

"Eso te costará más de un dólar cariño", le dije bromeando y seguí avanzando.

Un taxista detuvo su auto, se bajó de él y comenzó a reírse de mí histéricamente.

Un montón de hombres empezó a grabarme, incluso en presencia de las cámaras de noticias. Yo sabía que les gustaba lo que veían, aunque muchos de ellos nunca lo admitieron en público.

En nuestra sociedad obsesionada con la imagen, las mujeres son las víctimas preferidas. Algunas veces, los hombres también lo son pero vamos a llamar a las cosas por su nombre. El tamaño de la cintura de un hombre no es de ninguna manera criticada como la de una mujer. Se requiere de un hombre muy confiado para rebatir la tendencia de una sociedad que equipara la belleza con ser delgada. Lo entiendo y realmente no puedo esperar que ellos sean más fuertes que muchas de las mujeres que lidian con eso más frecuente e íntimamente.

La otra cosa que descubrí fue que un montón de gente asocia una gorda afroamericana con el personaje de la película *Precious*. Recibí un montón de comentarios asociándome con ella, a lo cual reaccioné de entrada más como una cosa increíblemente desagradable para decirlo. Sin embargo, debido a que estaba "en la zona" y todavía flotando en una nube, pensé "Sí, soy Precious. Soy rara." Mientras seguía caminando por Hollywood Blvd, la gente empezó a dejar sus tiendas para salir y ver lo que estaba haciendo.

Finalmente, creo que la gente comenzó a entenderlo. Ellos nunca habían visto a una mujer, una mujer de una minoría marginada que tenía obeso en una ciudad en la que prospera diciéndole a las mujeres que no pueden parecerse a mí y confiadamente caminar por una calle pública vistiendo sólo un bikini. Sabía que yo era un shock para sus sistemas, y tengo admitirlo, me gustó.

Por supuesto, sería el colmo de heroísmo decir que hice esto únicamente por el bien de los demás. Honestamente, en su mayor parte, lo hice. Fácilmente podría pasear por una calle muy transitada en un bikini cada día de la semana. A lo largo de todo este proyecto, nunca he dado ninguna excusas sobre por qué tenía la talla que tenía, ni intenté justificarlo aplastando mujeres que no compartían mi mismo físico. Sabía que debía perder peso, que estaba haciendo esto ahora que me sentía cómoda en mi piel. No me malinterpreten, sentirme CONFORTABLE y sentirme SATISFECHA son mutuamente excluyentes el uno del otro.

Donde quiera que estés en tu camino, no importa si eres más joven o viejo, hombre o mujer; tienes que comenzarlo en un punto de confianza en ti mismo. Amarte a tí mismo equivale a tener éxito en cualquier área de tu vida que estés tratando de mejorar. El cambio puede ser una buena cosa mientras el impulso para ese cambio viene desde un lugar de equilibrio y plenitud.

Si no amaba mi propia piel, nunca habría sido capaz de hacer lo que hice. Amarte a ti misma es siempre el mejor punto de partida de cualquier viaje. Sin tu amor propio firmemente intacto, continuarás luchando y sucumbiendo al dolor asociado con el fracaso. Pero, amándote a ti mismo el fracaso ya no se convierte en una pared infranqueable. Simplemente se convierte en un obstáculo temporal que tú sabes que puedes superar.

Mi viaje no comenzó en cualquier lugar cerca de las calles salpicadas de estrellas de Hollywood Blvd. Comenzó lejos de las luces y cámaras de los equipos de noticias y las cámaras de video de miles de extraños. Era todo lo contrario, y no a diferencia de muchos de ustedes.

Solía odiarme a mí misma.

2

Rebeldía

Crecí en un hogar de dos padres. Todas las personas que yo conocía tenían una madre y un padre. Todos mis amigos crecieron sólidamente en la clase media. Todos nos fuimos a escuelas privadas en una edad joven. Muchos de nosotros tenían padres que eran profesionales que trabajaban sus horarios alrededor de las horas de escuela. Era así como podían dejar y recoger a sus hijos de la escuela cada día. De hecho, mi madre se quedaba en casa con mi hermana y conmigo, hasta que mi hermana pasó al primer grado antes de que ella regresara a su trabajo.

Es triste decirlo, pero haber crecido así me situó justamente en medio de dos mundos a menudo contrapuestos. Siendo que menos del 50% de todas las niñas morenas que vivían en un hogar de dos padres. Éramos a menudo los únicos chicos morenos que a participaban en muchas actividades, como el patinaje sobre hielo y natación. Asimismo me imagino que hay un montón de experiencias que mis compañeros estaban teniendo con las que simplemente no tenía una conexión.

Crecimos en la ciudad de Inglewood, California hasta que cumplí10 años de edad. En ese momento la mayor exportación de nuestra ciudad era Los Angeles Lakers que jugaron en el Lorum, que no estaba muy lejos de nuestra casa. Una gran parte de la ciudad está localizada bajo la pista de aterrizaje del Aeropuerto Internacional de Los Angeles. Dependiendo del lugar donde viviste allí siempre hubo ruido asociado con aviones aterrizando o despegando.

Étnicamente hablando Inglewood estaba atravesando la importante transición de ser un suburbio de mayoría blanca a una ciudad predominantemente de morenos y latinos. No más de 20 años antes Inglewood era conocido como una ciudad del ocaso; el nombre dado a una intencionadamente planeada ciudad de blancos. Se entendía que los morenos tenían que abandonar las fronteras de la ciudad antes de la puesta del sol.

Aunque los tiempos han cambiado, todavía había pequeños focos de personas que aún albergan esos sentimientos, pero eran de una minoría extrema. Además eran ancianos.

Cuando tenía alrededor de 10 y medio nos mudamos a una ciudad cercana llamada Gardena. Mientras que Inglewood tenía una población en aquel momento, de alrededor 110.000 habitantes, la población de Gardena era cercana a los 80.000. De acuerdo a los estándares del sur de California, éramos una pequeña isla en un mar muy grande. No obstante esta ciudad seguiría siendo mi hogar durante muchos años. Debido a su cercanía todavía asistíamos a la escuela en Inglewood. Fue algo bueno, porque estábamos muy cerca del trabajo de mi mamá, lo que hizo de ella estuviera mucho más cómoda.

Mi madre trabajaba para el Departamento de Policía de Inglewood. Cuando era niña su familia emigró aquí desde Bunkie, Louisiana. Como la mayoría de los sureños traía una ética de trabajo muy pronunciada con valores familiares conservadores y una fuerte red de apoyo de sistema que consistía mayormente en la familia. Los forasteros no eran realmente mirados con mucha aprobación y tu valor como persona era generalmente ligado a las cosas que tenías o que hacías. Cada domingo después de la iglesia, ellos también amaban comer alimentos que, como ellos suelen decir, "se te pegan a las costillas".

De niña, mi padre me crió en un buen hogar cristiano. Cuando él se convirtió en un adolescente, como muchos jóvenes de su generación, él escogió la escuela de los golpes de la vida (también conocida como las calles). Como resultado se volvió un sabio de la calle y un duro. Pero a medida que crecía, comenzó a ver que muchas de las peleas que se daban en las calles eran consecuencia directa de la falta de educación. Como resultado, muchas de las decisiones de vida que comenzó a tomar giraron alrededor de ser educado formalmente.

Él siempre compartió sus experiencias conmigo sobre qué hacer y qué no, y cuando crecí, encontré sus ideas invaluables.

Él y mi madre se conocieron a través de un conocido de la familia y el resto es historia.

Fue en esta encrucijada donde mis años formativos fueron bombardeados. Por el lado de mi madre tenía la ética de que ser una familia exitosa es todo y por el lado de papá tenía la disciplina, el amor propio y la dedicación a una causa mayor dentro de mí. En mi casa tú sabías lo que era importante.

29

Mi madre hacía hincapié en tener una buena educación, con la única esperanza de obtener un título universitario. Su creencia era que una vez tenías un grado universitario, tu vida tomaría automáticamente un giro para mejor. La prédica de mi papá era que fueras a la escuela y aprendieras lo suficiente para crear tu propio trabajo. Era el tipo de libertad que viene de la autosuficiencia, que era y es de un valor incalculable.

Desde el momento que comencé el preescolar, estaba en la escuela privada. En una escuela llevábamos puesta una falda marrón con líneas blancas y amarillas y una blusa blanca. El nombre de la escuela era K. Anthony y era predominantemente negra, aunque cualquiera podría haber ido allí. Allí nos formaron con un riguroso currículo académico que se nos inculcaba con mucho énfasis en nuestra herencia. Yo amaba ese colegio.

Fueron esos días en los que fui objeto de burlas por mis piernas y el hecho de que no eran tan delgadas como las de algunas otras chicas. No entendí las profundas implicaciones de cómo esas primeras semillas de duda llegaría a convertirse en un árbol adulto de odio a mí misma. Era difícil no pensar el tipo de bromas que los niños hacían a menudo. El director de mi escuela, el Sr. Johnson, siempre me decía que me sintiera orgullosa de lo que era y que estuviera orgullosa de mi herencia. Ser molestada no era fin de mundo ni con un enorme esfuerzo de imaginación.

Pero eso hizo que me comenzara a verme a mí misma a través de los ojos del descontento. ¿Por qué mis piernas eran más grandes que las de los demás?

Después de graduarme de allí en el 6º grado, mis padres querían llevarme a una escuela multiétnica. Me dijeron que "el mundo no es negro, puedes estar orgullosa de quien eres y aun así ser capaz de apreciar las diferentes culturas". Todavía querían que estuviera en una escuela privada. El problema ahora fue donde me enviaron.

Para ese momento mi madre había regresado a trabajar en las fuerzas de la ley. Estando allí conoció al capellán. Su nombre era el Padre Pablo. Él le habló acerca de una gran escuela que resultaba estar justamente bajando una calle llamada san Juan Crisóstomo. Él avalada lo buena que era la escuela y se la recomendó tanto que mi madre me envió allí.

Así que adivinen a donde fui…

Yo estaba en el séptimo grado, cuando empecé a asistir a San Juan. Para ese momento estaba en la edad donde la mayoría de los niños comienzan a pensar que saben más que los adultos que les rodean. Yo también me había convertido en uno de esos niños. En mi mente yo sabía qué era lo mejor para mí. Para decirlo de otra manera, bueno, diría que no me gustaba ser subestimada. No sólo no me gustaba que cualquiera que se presentara en mi vida como una figura de autoridad, yo odiaba la autoridad. Mirando atrás, creo que una de las razones por las que me sentí de esa manera, fue

31

porque mi vida familiar estaba tan estructurada. Me sentí como si no era capaz de entender quién era realmente Amani sin alguien con autoridad que me dijera que yo estaba equivocada. Las personas encargadas de mi vida, incluso periféricamente, me impidieron el tipo de libertad que todos los adolescentes quieren. Además yo era un adolescente inmadura y, por supuesto, a esa edad no había un tema del que no tuviera total conocimiento.

Mi madre estaba muy contenta de enviarme a mi nueva escuela porque estaba literalmente a pocos minutos de su oficina. Ella quería saber que podía estar en mi escuela, en cualquier momento. Si ella no podía estar allí seguramente podía enviar a uno de sus amigos oficiales, cosa que hizo en varias ocasiones, para asegurarse de que estábamos bien.

Así, conjuntamente con esta actitud enfermiza, entré en una nueva escuela. La mayoría de las estudiantes en mi escuela eran morenas o latinas. Todo el mundo allí era muy agradable y receptivo, bueno todo el mundo parecía serlo excepto algunas monjas. Algunas de ellas eran rudas, pero creo que debían ser de esa manera porque era una regla en algún lugar. Además no nos permitían usar maquillaje, cosa que probablemente les hizo enfurecerse más.

Nuestro uniforme constaba de una falda azul y una blusa blanca. El faldón se extendía por debajo de nuestras rodillas. La mayoría de las chicas lucía calcetines blancos hasta las rodillas. La única vez que se nos permitía llevar algo diferente era en la clase de

Educación Física. Se nos permitía usar pantalones cortos, aunque no era obligatorio.

Teníamos varias clases por día. Cuando era más pequeña me habría sentido increíblemente cohibida de andar con una falda puesta. En mi otra escuela, algunas niñas solían burlarse de mí, debido al tamaño de mis piernas.

Ellos pusieron en mi cabeza la idea de que algo en mí era diferente de las otras niñas. Para una chica es muy importante sentir que encaja. Debido a los comentarios sobre el tamaño de mis piernas en aquellos primeros años, me había formado un mecanismo de supervivencia para ayudar a aliviar el dolor de sentirme diferente. Comencé a tratar de ocultar el hecho de que, sí, mis piernas eran más grandes. Me sentí diferente.

En mi nueva escuela ninguna de las otras chicas me molestaba. Simplemente me veían como Amani, otra estudiante que todo el mundo conocía. Allí nunca me sentí avergonzada de mis piernas.

Pero lo que ellas no sabían era que mi paciencia con las figuras de autoridad había llegado a su fin. Yo quería que nadie me dijera nada. Para poder ser libre en esa área de mi vida, yo necesitaba liberarme de otras personas que me decían qué hacer. Siempre había alguien diciéndome "Deberías hacer esto", o "Deberías hacer eso". Mi familia ni siquiera se daba cuenta todavía. Pero toda la presión que se había depositado en mí, en esta persona perfecta, finalmente había hecho mella. Yo no estaba interesada en oír nada de lo que nadie tuviera que decir. Yo quería que me dejaran sola en la peor forma.

Mis años de escuela secundaria básica podrían describirse mejor como mis años de rebeldía. Incluso mis padres recibieron mi cólera. Si Michael Jackson preguntara "¿quién es malo?", le habría dicho "¡yo!". Ninguno de mis padres parecía entenderme. No estaban ayudándome, así que podría asumir que no les importó. Así que ¿adivinen qué? Si no les importaba, a mí no me importaba.

Esto exacerbó mi odio a las figuras de autoridad. Yo estaba tan rota por dentro que tenía que culpar a alguien. No había forma de que yo podía ver, o convencerme, de que yo era la causa de todo esto. Eso tenía que ser culpa de otra persona.

Dirigí mi enojo hacia todos mis maestros. Yo iba a "vencerlos" de manera que no me importaba si me pedían hacer algo. Dejó de importarme y me volví casi incontrolable contestando de mala gana. No hacía mis deberes, reprobaba los exámenes y retaba a cualquiera a decirme algo. Yo no iba a permitir que alguien atravesara del velo que ocultaba mi dolor del mundo.

Había una maestra, la Sra. Patricia Francis, quien me llevó aparte un día. Yo estaba en el séptimo grado. Ella era la única que parecía no sentirse intimidada por mi terrible comportamiento. Sabía de qué tipo de familia venía y sabía que mi padre, por encima de todo, enfatizaba la excelencia en la educación. Entonces ella me dijo algo que me sacudió hasta el alma. Recuerdo eso hasta el día de hoy. "Si no lo logras, no vas a graduarte".

Si no me graduaba me ganaba el infierno en la casa. ¿Sería capaz de mirar a mi familia y decirle que la razón por la que yo no me gradué, era porque yo odiaba la autoridad? Eso habría caído como una tapa de ataúd de plomo. Mi padre no hubiera sido capaz de procesarlo y eso habría destruido a mi madre. Además, ¿qué le diría a todos mis amigos que iban a graduarse e irían a la escuela secundaria? No había manera de que yo pudiera dejar que esto pasara. Mis propios demonios interiores estaban empezando a interferir en mi felicidad, y no lo iba a permitir.

Me recompuse. Me dediqué de nuevo a mis estudios; empecé a tratar a los que me rodeaban con más respeto y me gradué con los mejores de mi clase. Mi enojo por un gigantesco enemigo sin brazos, piernas o cuerpo estaba empezando a llegar a su fin. Yo sabía que no podía estar enojada con toda autoridad y aspirar a tener éxito en la vida. Mi fiesta de lástima casi me sacaba de mis planes, pero al final prevaleció Amani. Fue una de mis primeras y más elementales historias de éxito que necesitaba urgentemente. Lo que estaba delante de mí era un camino tan traicionero, y lleno de baches emocionales. Sería un milagro conseguir detenerme. En realidad, pensar sobre eso todavía me obsesiona.

Escuela Secundaria

3

Fealdad

Era el año 1995. O.J. Simpson fue declarado no culpable de asesinar a su esposa. Magic Johnson hizo su regreso a los Lakers después de anunciar que había contraído el virus VIH.

Pero lo más importante, es que fue el año que empecé la escuela secundaria.

La idea de ir a la escuela era muy aterradora para mí. Yo pesaba 180 libras, era joven, impresionable y todavía no está muy segura de mí misma. Hacia la mitad de mi año de octavo grado, yo no sólo giraba en torno a lo que habían sido años de abandono escolar. También fui premiada con una beca de $400 para comprar libros para la escuela secundaria. Envié esta beca a la escuela que estaba al lado de mi campus, la Academia Santa María. Fue una bendición que mis padres pudieran permitirse pagar mi educación secundaria y por lo tanto no tenía que utilizar los beneficios de esa beca.

La Academia Santa María es una secundaria para chicas, con una larga y rica historia. Fundada en 1889 por las Hermanas de San José de Carondelet, era la escuela privada con más años en funcionamiento en la Arquidiócesis de Los Ángeles. Su enfoque ha sido siempre en enseñar a las mujeres jóvenes a ser líderes y no seguidoras. Se jactaban de tener una tasa de graduación casi perfecta con la mayoría de sus graduadas ingresando en universidades y que continuaban con carreras de postgrado.

(Una de las partes más emocionantes de ir allí eran las corbatas clasificadas por color y clase que cada estudiante tenía que lucir. Esta corbata se convertía en tu pseudo-identidad. Es la forma en la que te dirigías a otra, especialmente en los últimos años después de la graduación. Yo fui y siempre seré una corbata roja!).

Naturalmente, como ocurre con la mayoría de las escuelas privadas, Saint Mary's se jactaba de su estricto código de vestimenta. Llevábamos uniforme todos los días, el cual consistía en una muy conservadora y larga falda plisada azul, una blusa blanca, y tu corbata de la clase. En los llamados "días de vestimenta libre" podías llevar puesto lo que querías. Mientras no fuera demasiado revelador o considerado inapropiado por las monjas que dirigían la escuela. Créeme, ellas te enviaban a casa si violabas estas reglas tácitas.

Me había graduado de mi escuela básica secundaria con notas muy altas. Yo estaba muy segura de que sería capaz de hacer lo mismo académicamente en la escuela secundaria. No había chicos alrededor, así que no había una distracción con la cual lidiar. Además tenía bastante claro en mi mente que los chicos no se sentían atraídos por mí de todos modos. Sentía que era gorda y poco atractiva. ¿Qué chico me querría de todos modos? Por lo tanto, convertirme en un ratón de biblioteca fue muy fácil para mí.

Era reconfortante saber que nunca había tenido problemas con cualquiera de las otras chicas en mi escuela. Que muchas me aceptaron por quién era. Todas llevaban el mismo uniforme. No había una necesidad, o lugar para que cualquier persona mostrara la mezquindad infantil que acompaña a menudo a muchas mujeres jóvenes cuando se trata de la ropa que usan. Yo sabía de esto, porque en nuestro "día de vestimenta libre" era muy importante demostrar si sabías lo que estaba de moda y lo que no. En el tope de la cadena alimentaria de la moda durante esos días, Guess? era lo que se suponía que te pondrías si realmente sabías lo que estaba en onda. Mi realidad era que Guess? no hacía ningún tipo de ropa que se adaptara a las mujeres de mi talla.

Algunas veces escuché a alguna de las chicas decir algo sobre el tamaño de mis piernas. Yo había practicado el arte de escuchar, pero no el de oir. Lo que quiero decir es que escuchaba sus comentarios pero antes de permitir que eso arruinara mi día empezaba a pensar en otra cosa. No es que esto pasaba a menudo. Pero cuando pasaba ya yo me había disminuido emocionalmente, así que no había una inmensa sensación de dolor o tristeza.

Además, yo no necesitaba que alguien me ayudara a hacerlo. Yo había estado luchando conmigo misma durante años. Yo había aprendido a ocultar ese dolor haciendo de una serie de dietas de moda las rutinas de ejercicios.

Mi padre es musulmán y un estricto seguidor de sus normas dietéticas. Preparar la carne halal significaba matar a un animal en una manera que minimizaba su sufrimiento. Cuando estaba en la escuela secundaria mató un pollo con el método halal delante de mí. Eso me traumatizó tanto que juré no comer carne. Me convertí en vegetariana, que me convenía perfectamente porque amaba los animales y ver uno siendo asesinado fue abrumador.

En la escuela me sumergí de lleno mis estudios y en diversos deportes. Yo traté de jugar un deporte diferente cada semestre a fin de permanecer activa. El objetivo final detrás de mi vertiginoso horario era no sólo sobresalir en los deportes sino para perder peso.

Despacio pero seguro, me convertí en fanática de todo lo relacionado con mi peso. Como de costumbre, lo hice muy motivada. No tuve ningún incidente en la escuela que me llevara al extremo. Yo estaba simplemente cansada de sentirme como la chica gorda. Necesitaba tan desesperadamente hacer un cambio que tomé medidas drásticas para ver que ese sueño se volviera realidad.

Janet Jackson estaba en la cima de su carrera esos años de mi escuela secundaria. Yo codiciaba sus abdominales y hacía todo lo que podía para anular mi patrimonio genético. Cada mañana me despertaba con su música. Hacía sentadillas y me obsesionaba con todo lo que comía. Sólo comía alimentos libres de grasa y en la escuela, la mayoría de las veces me saltaba el almuerzo, bebiendo sólo un refresco de dieta. Durante mi primer año fui a la escuela de verano y viví en el campus. Mantuve mi estilo de vida vegetariano y perdí 10 libras. Cuando volví a casa, si mi madre ponía demasiada mantequilla en mi arroz me daba una crisis. Vivía literalmente pegada de la báscula. Me pesaba cada mañana. Incluso si aumentaba 1 libra absolutamente perdía la cabeza.

Le prestaba más atención a perder peso que a otras áreas de mi vida, y eso empezó a notarse. En mi tiempo de inactividad, que no era a menudo, me ponía a leer innumerables revistas. Me obligaba a recordar que yo no lucía como las modelos delgadas que adornaban las páginas. Para empeorar las cosas, me paraba frente al espejo con la revista y meticulosamente comparaba mis rasgos con sus facciones. Era entonces cuando mi voz interior me golpeaba y decía las cosas que yo estaba demasiado avergonzada de decir en voz alta. La conversación era algo como esto:

"No tengo los labios como ella. No tengo las caderas como ella. Mi nariz es ancha y se expande por todo mi rostro. ¿Por qué no puedo tener una nariz más pequeña? Sería más hermosa con una nariz pequeña. Yo sería más atractiva si no luciera... como yo ".Todos mis rasgos eran grandes, mi nariz, mis labios, mi cuerpo. Yo no me parecía a ninguna de las modelos de las revistas. Estando en la escuela secundaria tenía brotes ocasionales de acné. Estos ayudaron a aumentar la distancia, en mi mente, entre y las modelos de las revistas yo. Ninguna de ellas tenía acné. Ninguna de ellas

era gorda. Todas ellas eran perfectas, y yo no lo era.

Durante mi segundo año un montón de cosas en mi vida comenzó a

cambiar. Con respecto al hogar yo todavía estaba lidiando con la

reciente separación de mis padres. Era difícil de procesar todas las

emociones que sentía. Su separación me afectó en un montón de

maneras que no comprendí hasta muchos años después. Desde el

primer día mis padres habían vivido bajo el mismo techo. Nuestra

familia estaba casi intacta. Ambos participaban activamente en

cada faceta de nuestras vidas. El hecho de que uno de ellos se iría

no me sentó muy bien. Quería que resolvieran cualquier cosa que

quisiéramos mi hermana y yo. Pero yo no tenía el poder de hacer

que permanecieran juntos.Para colmo, teníamos que lidiar con

miembros de la familia que consecuentemente calumniaban a

nuestro padre delante de nosotros. Estábamos en la edad donde

entendíamos perfectamente de qué estaban hablando. No sólo era

irrespetuoso, también infantil. Más tarde me di cuenta de que parte

del resentimiento que tenía hacia ellos fue por las cosas malas que

dijeron acerca de mi padre mientras yo estaba presente.

Del mismo modo mi autoestima estaba en una espiral descendente.

Yo estaba convencida de que era un patito feo y que nadie, ni

siquiera a mis padres, me querían. En todas las direcciones

alrededor de mí no había nada que yo pudiera controlar. Mi dolor

era tan intenso y tan profundo que sentí que la muerte era mi única opción.Fue entonces cuando comencé a pensar en el suicidio. Sentí que ponerle fin a todo haría que el dolor desapareciera. La profundidad de mi propia desesperanza y desesperación, me había capturado plenamente y me había lanzado profundamente en el pozo más oscuro, que sinceramente, creo que mi cerebro había construido una fortaleza alrededor; impidiéndome revivir. Cuando yo tenía el cuchillo en mi mano comencé pasándolo por mi garganta, como mi propia fatalidad pendía de un hilo. Este es un sentimiento que espero que nadie entienda completamente. Tampoco es un momento que me gustaría volver a vivir.

Estoy muy agradecida de que mi consejera escolar, una mujer llamada Helen, me salvara la vida. Ella literalmente se puso en medio de mí y una muy mala decisión que yo estaba dispuesta a tomar. Luego que le contara acerca de mis sentimientos de suicidio inmediatamente se puso en contacto con mis padres y programó una cita de emergencia con todos nosotros. Mis dos padres fueron contactados pero solo mi mamá fue. Mi padre sabía todo, pero él pensaba que mi madre estaba mejor preparada para manejar la realidad de un cara a cara conmigo. En retrospectiva, probablemente él no fue capaz de lidiar con las emociones involucradas en lo que estaba pasando.

Después de la reunión inicial con Helen yo estaba lo suficientemente calmada, al menos al punto de estar dispuesta a hablar más sobre de mis sentimientos. Tomó varias sesiones continuas hasta que finalmente dejé de sentir que quería suicidarme. Realmente le doy crédito a esas sesiones por salvar mi vida. Pero, todavía me sentía fea.

Cuando cumplí 17 años le dije a mi madre que quería una cirugía de nariz. Yo nunca había expresado un sentimiento que estaba asociado querer cambiar mi apariencia física aparte de mi peso. Me pareció que esta petición agarró más a ella que mi padre completamente desprevenido y la golpeó en una zona muy sensible. Ella me dijo que si yo me operaba la nariz heriría sus sentimientos. En aquel momento no me importa nada de eso. Yo era apenas una niña egoísta que quería lo que quería. No me interesaba cómo ella se sintiera. Nada de eso me importaba a mí. Yo era el centro de mi propio universo.

Este pronunciado giro de los acontecimientos realmente molestó a mi madre, pero ella no insistió. Ella sabía que yo aún era una adolescente y todos los adolescentes exageraban debido a la falta de madurez. Aun así, eso me molestaba mucho cada vez que leía una revista. No veía nadie parecida a mí, al menos de una manera convenientemente deseable. En mi mente nadie quería la fea chica gorda.

Durante el verano de mi último año, mi madre estaba muy emocionada por mí tomarme las fotos de graduación. Seguí posponiendolo hasta que mi madre quiso llamar para concertar una cita para mí con el fotógrafo. Cuando ese día llegó finalmente le dije que yo no quería tomarme fotos porque yo era fea.

Desde la conversación que ella y yo tuvimos sobre la operación de nariz no habíamos hablado mucho acerca de mi apariencia física. Estoy segura de que ella esperaba que hubiese superado eso y que hubiese comenzado a amarme a mí misma de nuevo. Poco sabía ella que había sucedido lo contrario. El odio a mí misma se había vuelto aún más arraigado al punto en el que no quería verme en el espejo. Me recordaba lo gorda y fea que era.

Ella no entendía por qué me odiaba tanto a mí misma y rompió a llorar. Yo nunca había visto que ella expresara tanto dolor antes.

"Tú eres mi niña y no eres fea," me explicó. Dándose cuenta de que le iba a tomar más que convencerme, llamó mi tía Sharon Kay para que la ayudara a intentar convencerme de lo contrario. No funcionó. Escucharles decir que yo era hermosa parecía tan falso para mí porque tenían una estrecha relación conmigo. ¿Qué me iban a decir? "Te ves como nosotros y sí, estamos todos de acuerdo, eres una vaca gorda y fea." Ni en un millón de años me dirían eso. Es precisamente por eso que yo no podía estar segura de que lo que estaban diciendo provenía de un lugar puro.

De más está decir que, después de un montón de llanto y de encerrarme en mi habitación, el tema de las fotografías de graduación más nunca surgió.

Una vez que pasé al último año hubo otra cosa que me preocupaba, y eso era la fiesta de graduación. Hasta ese momento no había mostrado interés alguno en los chicos porque sentí que no estaban interesados en mí. Una de las cosas acerca de ir a una escuela secundaria para niñas era que al final de un largo día de escuela siempre había un montón de chicos rondando, esperando que nosotras saliéramos del edificio. Todas llevábamos faldas y muchas de mis compañeras las enrollaban secretamente arriba sobre sus rodillas, después de escapar de la mirada vigilante de las monjas protectoras.

Ninguno de esos chicos intentó hablarme. Yo sabía que era simpática y extrovertida. Tan simpática como muchas de mis amigas a las que si les prestaban atención. Ninguno de esos chicos se fijó en mí, ni siquiera los que eran grandes como yo.

La mayoría de mis amigas tenía quien la llevara a la fiesta de graduación. Mi pensamiento era que yo no quería pasar vergüenza yendo sola así que no iría. Mis notas eran buenas y yo estaba involucrada en un montón de diferentes grupos en el campus. Mis padres no consideraban incluso la posibilidad de cuestionar mi decisión. Además ¿por qué cargarlos con el gasto adicional de comprar un vestido, zapatos y todos los accesorios para algo que realmente no quería hacer?

Pero dentro de mí habría aprovechado la oportunidad si el chico correcto me pidiera que fuera. Yo quería estar emocionada acerca de ser alguien especial para alguien y compartir mi experiencia de baile con ellas. Eso es lo que realmente quería, pero lo enterré en el fondo donde nadie podía verlo.

Mi madre comenzó a preguntarme acerca de mis planes la fiesta de graduación, y nuevamente comencé a evitarla y esquivarla. ¿Cómo podría decirle que no estaba interesada en ir cuando sólo unos meses antes ella casi tenía un colapso emocional cuando le dije que no quería tomarme las fotos de graduación? Esta confesión la llevaría seguramente a una irreversible parálisis corporal.

Mi madre siguió preguntando y preguntando. No me importaba. En realidad me importaba cada vez menos. Yo mantenía mi posición y no había cambios. Allí fue cuando ella comenzó a llorar, y no me lo podía creer. Ella estaba llorando por el hecho de que yo no estaba interesada en ir a mi fiesta de graduación.

Ni siquiera era por ella, pero ahora ella estaba llorando y obviamente significaba más para ella que para mí, así que cedí (principalmente para hacer que dejara de llorar). Le dije el tipo de vestido que yo quería usar (un vestido lila que Halle Berry llevó a los Oscars en 1998). Mi muy feliz y emocionada madre no dejó de buscar ese vestido hasta que finalmente encontró una costurera local que lo hiciera. Durante los días previos a la fiesta controlé cada bocado de comida que me comí y bebí malteadas slim fast. Una de mis amigas me consiguió un compañero para la fiesta y todo salió grandioso. La pasé genial con mis amigos y mi cita, además ¡yo lucía increíble! Era el año 1999, el año en que me gradué. Yo no lo sabía, pero mi vida estaba a punto de pasar por algunos cambios importantes.

La escuela secundaria fue mi universo social durante los últimos cuatro años. Es lo que yo conocía. Yo había aprendido cómo navegar por el constante cambio de las corrientes oceánicas de las tareas escolares, actividades y vida social (la cual no tenía) Luché a mi manera con una gran cantidad de auto-duda y baja autoestima. Yo estaba orgullosa de mi logro y disfruté ese momento. Entrar al escenario para obtener mi diploma fue uno de los momentos más felices de mi vida.

Mi peso había subido a 190 1bs. Por ahora había dejado de pelear una batalla perdida. Las personas más cercanas a mí, es decir, mi familia, fueron las víctimas finales. Tuvieron que lidiar con mis cambios de humor. Ellos eran los que de vez en cuando tenían que háblame desde la cornisa. Fueron mis mejores amigos y confidentes, cuando el cielo en mi vida se volvió nublado con temor y desilusión. Fueron el blanco de mi ira cuando mis emociones dieron lo mejor de mí. Pero ellos son los que, en medio de todo esto, me mostraron un amor incondicional. Sin ellos, dudo que hubiera llegado tan lejos. Cuando me gradué y sostuve el título en mi mano era como una demostración tanto para ellos como para mí. Yo iba a estar bien.

Todavía, así como no quería admitirlo, no quería llevar esta carga extra de ser la chica gorda. Pero, oh bien, eso era lo que era.

4

Gracias Tyra

No había dudas a la hora de reunirme con mi consejero y tomar la decisión de ir a la universidad. La única pregunta era dónde. Finalmente decidí asistir a una universidad local para poder estar cerca de casa. La Universidad de California en Riverside me aceptó y yo estaba dispuesta a aceptar el desafío. Riverside, California está a 1 hora en coche al sureste de la ciudad de Inglewood. Conocida por sus campos de naranja, limón y toronjas, era una antigua comunidad que era todavía muy rural en comparación a las abarrotadas metrópolis a las que yo estaba acostumbrada. El campus se encontraba en el otro extremo de la ciudad, junto a las colinas rocosas, con bordes dentados y una multitud de naranjos. Era un campus internacional con estudiantes de todo el mundo. Eso me gustó mucho porque con mi papá siendo musulmán siempre habíamos estado en contacto con personas de diferentes grupos étnicos en nuestro hogar. Acogí con satisfacción el cambio de paisaje étnico mejorada que la universidad traería.

El otro cambio evidente al que iba a tener que acostumbrarme a fue el hecho de que yo no iría más a una escuela privada para niñas. La universidad de Riverside era Mixta. Esto significaba una cosa: los chicos me mirarían y definitivamente yo los miraría ellos.

En mi primer día en la escuela me impresionaba de cuán diferente era todo de mi escuela secundaria. En primer lugar me podía poner lo que quisiera. El hecho de que no había monjas caminando alrededor y verificando la longitud de mi falda era como despertarse en la mañana de Navidad. En segundo lugar, había hombres, muchos hombres.

En tercer lugar, todo era tan separadas. Correr a la clase se convirtió en algo nuevo para mí. Tal vez, yo sería capaz de perder algo del peso extra que gané desde la época en que me gradué de la escuela secundaria hasta ahora..

Entonces pasó de nuevo. Yo me había dicho a mí misma que no pensaría más de esa manera. Yo estaba ahora cómoda conmigo. La nueva Amani no estaba trayendo nada de esa vieja basura con ella a una nueva escuela

Cuando llegué a la clase y tomé mi asiento Miré alrededor y vi tantas personas diferentes. Algunas de ellas eran viejas, lo que era extraño para mí, porque yo sólo había ido a la escuela con otras personas de mi edad.

Me tomó un par de semanas para acostumbrarme al nuevo ritmo al que iba a tener que adaptarme. Pero finalmente lo conseguí. La universidad se sintió natural. No sé lo que había esperado antes, pero las cosas avanzaban muy bien. A nadie parecía importarle mi peso. De hecho, yo había visto a otras mujeres de mi misma talla mientras caminaba alrededor del campus.

En octubre salí del campus con un amigo y fuimos a la librería local Barnes & Nobles. En ese momento Tyra Banks sacó un libro titulado simplemente "Belleza por dentro y por fuera." Estaba en venta y acabé comprandolo.

Mientras crecía, Tyra Banks había sido alguien a quien siempre admiré. Ella era una hermosa mujer de Inglewood, que había logrado entrar a las pasarelas internacionales como una supermodelo. Yo definitivamente podía referirme a ella a ese nivel. En una palabra, ella era la bomba.

La otra razón por la que me gustaba fue porque ella tenía el tipo de belleza que sabía que todos los chicos idolatraban. Presté mucha atención a esto, porque no estaban prestándome atención, así que me sentí muy fea. Cuando miraron a Tyra, la querían a ella. Cuando ellos me miraron vieron sobre mí o a través de mí. Quería saber qué podía decirme ella para que esos chicos empezaran a mirarme de la misma manera la veían a ella.

Leí el libro entero en una sola sentada esa noche. No podía dejarlo. Era como si ella estuviera hablándome directamente a mí. Me aferré cada palabra como si fueran las últimas palabras que leería. Recordándolo bien realmente creo que eso fue una experiencia espiritual.

Las palabras que ella usaba transformaban la vida para mí. Ella le habló a mi alma. ¡Esta chica era mala! Pero nada de eso me había preparado para lo que sentí cuando volteé la página y allí, en todo su esplendor, era una página completa a color imagen de ella ¡sin una gota de maquillaje! Eso era inaudito. ¡No me lo podía creer!

Ninguna súper modelo se había atrevido a publicar una imagen de sí misma en una manera tan vulnerable y transparente. Ella incluso señaló sus llamados defectos. Para mí, ella era aún más preciosa ahora. Esa imagen para mí fue una revelación.

Yo no era fea. Sí, yo había oído de mis familiares que era hermosa toda mi vida, pero Tyra Banks fue la primera persona que me hizo sentir realmente hermosa. Yo recuerdo haber llamado a mi madre y decirle que yo ya no era fea. Yo estaba tan emocionada.

"Lanore (ella siempre me llama por mi segundo nombre), ¿cómo puede ser fea si eres mi niña?", después de mirar la foto de Tyra, sin maquillaje. Luego ver todas las zonas donde sintió que fallaba. Se me ocurrió que no era yo la única persona que se sentía inseguras acerca de su apariencia. Si alguien tan hermoso como Tyra Banks podría publicar una foto de ella sin maquillaje y todavía ser considerada una de las mujeres más hermosas del mundo. Entonces yo, Amani Terrell, era una mujer Hermosa también.

Sé que puede sonar como que estoy exagerando. Ese día, en octubre de 1999, Tyra Banks cambió mi vida. Me sentí como si pudiera salir y conquistar el mundo. Tyra me mostró que yo no era fea.

Sin embargo, todavía me sentía gorda

5

Rechazo

En la universidad mi balanza estaba cerca de marcar las 200 libras. Esta era la primera vez que estaba viviendo a mi manera. Mi padre me había recomendado que fuera a una escuela comunitaria más cercana y así yo podría prepararme mejor para la responsabilidad de una universidad. Él no creía que yo estuviera lista para el gran salto de ser una protegida, estudiante de una escuela secundaria privada de chicas a vivir por mí cuenta en una importante universidad. Yo no creí que sería un gran problema. Después de todo, yo tenía 17 años. Yo era prácticamente una mujer madura.

Mirando hacia atrás yo era muy inmadura en ese momento. Mi autoestima estaba todavía muy vinculada a mi apariencia física. No había pasado ningún tiempo desde que me gradué de la escuela secundaria haciendo algún desarrollo personal verdadero. Honestamente, no había nada malo con mi talla, pero en una extraña forma casi trascendental me sentía ser fea y con sobrepeso. Era una carga que yo inconscientemente llevaba conmigo a mi nuevo entorno.

Esta fue una batalla constante que tenía que librar. Algunos días ganaba mi pelea interna, pero en otros días recibía muchos ataques. Esos eran malos y muy oscuros días.

Más allá de tener que lidiar con mis propias inseguridades relacionadas con mi apariencia, también tenía que lidiar con la carga adicional de ser rechazada por los hombres de mi propia raza. Durante este tiempo muchos hombres morenos me decían que sólo salían con las mujeres no-afroamericanas.

¿Por qué?

Una vez empujé a uno de estos hombres a darme sus razones (principalmente por curiosidad puesto que ya me había hecho saber que mi recuento de melanina preventivamente me había excluido de su pool de citas) y encontré sus respuestas, en el mejor de los casos, cómicas, y en el peor, psicóticas.

"Las mujeres afroamericanas son demasiado mandonas", "ustedes son toda grasa", "no les gusta hacer ejercicio", "son lenguas largas;" "sólo se ponen extensiones", "Son demasiado ruidosas", "Ustedes no son sumisas", "Todas ustedes tienen malas actitudes".

También hubo muchos hombres afroamericanos que me decían que yo era "demasiado oscura" o que sólo salían con "piel rojas" En otras palabras, mujeres que tenían una tez mucho más clara que yo. Esto siempre me pareció muy extraño, ya que los chicos que dijeron esto generalmente eran del mismo color de piel o de tez más oscura que yo.

En un nivel mucho más emocional, uno de los principales problemas que he tenido con hombres afroamericanos que han hecho estos tipos de comentarios negativos para mí es esta: su madre, hermana, abuela y muchas mujeres de tu familia son afroamericanas. Decir que tienes preferencia por algo más que eso

61

es una cosa, y eso está bien. Pero menospreciarme debido a tu percepción sobre mí, que es a menudo es alimentada por ideas falsas y mentiras. Es con lo que yo y un montón de otras mujeres morenas tenemos un problema.

Como una mujer de color, hay mucho de lo que me gustaría llamar "dramas" hogareños que tenemos que aguantar. A menos que seas una mujer de color probablemente nunca te imaginarás lo que tendrás que afrontar. Es una cosa terrible que te digan que algo tan intrínseco a quién eres no es lo suficientemente bueno. Esto causa muchas mujeres reaccionen de la misma manera que yo finalmente lo hice.

Dejé de salir con hombres Afroamericanos.

Sé que podría sorprender a algunos de ustedes saber que mis dos padres sean afroamericanos, siendo especialmente mi padre un distinguido y notable hombre afroamericano a quien admiro mucho. Sin embargo, a causa de mis experiencias con varios hombres afroamericanos específicamente decidí NO salir con ellos. Es Así; yo intencionalmente no salía con hombres afroamericanos.

En mi mente ¿por qué esperar por un hombre afroamericano cuando había un montón de otros hombres no afroamericanos que estaban disponibles? Sorprendentemente cuando tuve citas fuera de mi grupo étnico el asunto del tono de la piel nunca fue traído a colación. A estos hombres le gustaban mis labios, les gustaba mi trasero, les gustaban mis caderas, y les gustaba todo lo que me hacía una hermosa mujer de color.

Cuando les dije a mis padres de mi nueva mentalidad mi padre dijo que no le importaba mientras fueran musulmanes. Mi madre dijo que estaba bien para que yo saliera con quien quisiera. Excepto que ella no quería que llevara un hombre blanco a casa. A lo que le dije "si quiero una bola de vainilla caramba entonces tendré una bola de vainilla!".

Durante este tiempo en mi vida, una de las peores cosas que alguien podía decirme que hiciera era que NO hacer. Llámalo rebelión, levantarme por mí misma, y llámalo un remanente de mis días jóvenes donde odiaba a la autoridad. Como quiera que sea, decirme lo que yo no podía hacer era la forma más rápida para estar segura de que era exactamente lo que iba a hacer.

Crecer en el mismo ambiente racial que mis padres vivieron cuando ellos crecieron en la década de los 60's fue extraño para mí. No tenía la misma sensibilidad que ellos tenían con respecto a las relaciones interraciales. Esta es una zona muy sensible, porque un montón de gente de color, como mi madre, se sentía muy justificada en albergar ciertos sentimientos de resentimiento hacia los anglosajones blancos.

Por supuesto que no crecimos, como niñas y más tarde como mujeres, en una burbuja completamente alejadas de las realidades del racismo, pero no eran tan pronunciadas como la época en que mis padres crecieron. Quizá si una niña blanca me hubiera llamado negra en la cafetería de mi universidad, yo habría tenido los mismos sentimientos que mi madre tuvo.

Pero ese no es el caso. Esas cosas nunca me pasaron a mí. El único racismo que he experimentado era cuando constantemente me decían "wow, eres muy inteligente para ser una mujer afroamericana". Bien, por supuesto, lo sería. Mi padre tiene un doctorado en medicina quiropráctica, y mi madre tenía una licenciatura de ciencias en Justicia Criminal. ¿Qué se supone que sería yo? ¿La tonta del pueblo? Al final del día, no debía sentirme agobiada por el dolor o prejuicio de alguien incluso si ese alguien era uno de mis padres. A la gente se le debería permitir salir con quien quisiera. Sin embargo, hay una diferencia entre tener una preferencia y despreciar a los miembros de tu propia raza.

En nuestra sociedad post-racial a mucha gente no le gusta hablar de esto porque es incómodo. Pero caminé por Hollywood Boulevard en bikini, así que no estoy muy lejos de las cosas que hacen que otros se retuerzan.

En este país muchas personas afroamericanas han crecido aprendiendo a odiarse a sí mismos por el color de su piel. Ser "demasiado oscuro" o "demasiado claro" (que raramente es el caso) es un testimonio de esta realidad. Muchos afroamericanos se han vuelto incubadoras de un sistema de esclavitud y casta que marca posiciones. Lo que quiero decir es esto, aunque la esclavitud institucional terminó cerca de 150 años atrás, mucha gente afroamericana se adhirió muy conscientemente a un estrato social que los esclavos eran obligados a reconocer.

Esta estratificación social se basaba en cuán cerca de ser "blanco" estabas. La única manera que un esclavo exhibía estas cualidades es porque un dueño de esclavos o algún otro hombre blanco violaba a una esclava y ella tenía un hijo. Este niño era a menudo llamado por los blancos como un "mestizo" o "Mulato", (que originalmente es el nombre dado a la descendencia híbrida de un caballo y una burra que no estaba destinada dar más crías). Por el contrario los esclavos a menudo elevaban estos niños a la más alta estima. Ellos veían esto como una manera de salir de los campos y de la casa.

Lamentablemente, esta mentalidad aún existe hoy. Sólo que con nombres diferentes. Eres un "piel roja"? ¿Eres mestizo? ¿Estás en el #equipodepielclara o #equipodepieloscura? Todas ellas apuntan a la misma mentalidad que existió hace más de 100 años. Parece que es más aceptable ser todo menos afroamericano, al igual que la "negritud" tiene que ser disuelta con cualquier otro grupo étnico para ser aceptable. Como resultado, muchas elegibles, bellas y exitosas mujeres afroamericanas que no tienen esos atributos han sido ignoradas por los hombres afroamericanos que deliberadamente eligen parejas que tienen tez clara, es decir "piel roja", mestizo, o no-afroamericana.

La gente negra no es la única que sufre esta condenada tradición. En la India existe actualmente una campaña nacional llamada "la oscuridad es hermosa", para combatir la epidemia nacional de aclarantes de piel y el flagrante desprecio público a las mujeres indias que son de complexión más oscura.

En las películas de Bollywood, (películas Indias) la única imagen de belleza que se observa es la de las mujeres indias que tienen complexión más clara, o apariencia blanca. El último toque de ironía fue cuando la única estadounidense de ascendencia india en ganar Miss América fue coronada. Los indios de todo el mundo manifestaron que, a causa de su tez más oscura, ella nunca habría sido considerada un estándar de belleza en su propio país natal.

Las personas con piel oscura de todo el mundo tienen que enfrentarse a menudo a una tácita pero muy real y perjudicial cuestión de color. Este fenómeno es algo que nuestros homólogos blancos nunca han tenido incluso que considerar. Mirando atrás, yo era un naufragio emocional. Mi proceso de pensamiento era inmaduro. Me permitió que unos hombres afroamericanos me hicieran cambiar mi opinión sobre mi propia raza.

De la misma manera que la mayoría de la gente ignorante ve a la gente negra a través de la vista nublada y limitada de unas pocas manzanas podridas, yo estaba haciendo la misma cosa. Aun así, esta no era la única realidad que tenía que enfrentar. Un ejemplo dejó bien claro que la guerra que yo estaba librando tenía dos frentes.

Cuando estaba en la universidad, tuve una muy cercana y bella amiga que era afroamericana. Ella sólo comía una vez al día. Ella se sentía atraída por hombres asiáticos y está convencida de que ellos sólo preferían las mujeres más flacas y pequeñas. Recuerdo haber tenido una discusión con ella porque sentí que la dieta de sólo un burrito de frijoles por día era extrema. Creo que resonó en mí tan profundamente porque reconocía una parte de mí dentro de ella. Las dos teníamos una relación enfermiza con la comida

Hasta donde recuerde amaba comer. Yo no soy una de esas mujeres que era gorda sólo porque su madre era gorda, o debido a un problema de tiroides o debido a la medicación. Yo era gorda porque me gustaba, o mejor dicho, porque me encantaba la comida. Yo era una experta en comidas No había nada que no me gustara y ya lo había probado todo. Mi comida preferida era la comida étnica. Me encantaba jamaiquina, Mediterránea, Medio Oriente, Italiana, Criolla, etíope, Sureña, peruana y coreana. Tú la nombrabas, yo la amaba. Mientras yo crecía mi padre viajó mucho. Él siempre nos mostró diferentes cocinas de todo el mundo. Por lo tanto, pronto mi paladar se acostumbró a muchos sabores exóticos. Decir que tuve una mala relación con los alimentos era un eufemismo. Mi amiga, la que se había condicionado a sí misma a comer una vez al día, también compartía una relación enfermiza con la comida. Pero a diferencia de la mía la suya estaba directamente conectada a intentar ganar la atracción de un hombre. La mía no estaba conectada a un hombre, lo que de ninguna manera lo mejoraba. La mía estaba conectada con mi bienestar emocional. Si yo estaba triste, comía. Si comía, yo estaba feliz. Si me sentía frustrada comía. Cuando yo estaba con la gente comía. Era mi único soporte emocional, y pocas veces he conocido una comida que no me gustara.

Conforme pasó el tiempo finalmente conocí un chico y empezamos a salir. Él era de Iraq y tenía su propio negocio de reparación de parabrisas. Fue muy amable, y me prestaba atención. Nuestros caminos no podrían haber sido más diferentes. Él era del Oriente Medio y yo era tan Americana como el pastel de manzana, o mejor dicho, la tarta de melocotón. Él parecía entenderme. Pensé que habíamos hecho una muy buena conexión, hasta que un día empezó a burlarse de mi peso y me llamó gorda. Una cosa es que yo me diga a mí misma gorda, pero cuando alguien lo hace, y que pasa a ser la persona por la que sientes algo, el dolor es profundo y la herida es real.

Estaba realmente herida. Todas las voces de dudas sobre mí misma que había intentado calmar habían resurgido, y esta vez con venganza.

"¿Qué estabas pensando?"

"Nadie quiere una chica gorda."

"Ja, ja, ja. Te lo dije."

"No vales nada!".

No es necesario decir que tan pronto el empezó a burlarse de mi peso nuestra relación (o lo que fuera en ese momento) desapareció. Yo estaba muy angustiada porque este fue el primer chico con el que me permití ser vulnerable.

Fue muy doloroso, pero al final sobreviví. Sin embargo esto me regresó a mi zona de confort, que era la comida. Una vez más, me empecé a ganar peso y pronto estaba quebrando la balanza al pasar de 200 libras. Muchas cosas en mi vida habían cambiado. Yo estaba envejeciendo, al igual que mis padres. Empecé a ver la vida a través de los ojos de una adulta más madura, una que estaba demasiado acostumbrada a los fracasos.

Mucha gente no lo sabía pero yo había dejado de asistir a clases. La libertad de ir y venir cuando quería resultó ser mucho más una carga que una ventaja. Mi vida romántica era prácticamente inexistente. Parecía que nada salía como yo deseaba y de forma lenta pero segura me desilusionaba de la dirección que mi vida estaba tomando.

Entonces sucedió, me rendí. Dejé la escuela en 2001, apenas dos años después de la primera vez que entré. En dos años más tomé la muy difícil decisión de tragarme mi orgullo y regresar a casa.

Las cosas no lucían bien

6

Gordura

¡Hey tú gorda!, ven aquí, ¿eres cosquilluda?

Sí, te llamé gorda,

Mírame, soy flaca.

"Nunca me ha impedido mantenerme ocupado".

Archivos digitales Sexuales ocultos

"Hola, mi nombre es Amani y estoy gorda".
"¿Acabas de decir la palabra con G?"
"Sí, lo hice. Estoy gorda, y lo sé".

Esta es la conversación imaginaria que solía tener en mi cabeza todos los días.

No era frecuente que otras personas me llamaran gorda, al menos no en mi cara. Me tomó un tiempo sentirme cómoda diciéndomelo mientras me miraba en el espejo. Era como tomar una medicina de mal sabor que yo sabía, en última instancia, me haría bien.

Quería armarme de fuerza para tolerar la maldad con la que algunas personas lanzaban esas palabras hacia mí. Quería desarrollar una tolerancia frente a la burla y la desconsideración. Quería desarrollar una tolerancia hacia las murmuraciones y risas frívolas que oía al pasar. Tomar este "medicamento", de hecho me hizo más fuerte. Me hizo más dura. Me ayudó a hacerme lo que soy.

Aun así, deseaba no tener que tomarlo.

Tal vez es un mecanismo de defensa inteligente (o no tan inteligente). Supongo que si me lo digo a mí misma lo suficiente no me dolerá tanto cuando alguien que me importe me lo diga. Tal vez no duela en lo absoluto. Eso no es cierto.

He tenido tres hombres que me dijeron en mi cara que mi peso les impidió continuar una relación conmigo y eso dolía cada vez.

Quería estar segura de que nunca sentiría eso de nuevo, acepté, muy dentro de mí, que nunca iba a ser vulnerable a esa palabra, o cualquier palabra, de nuevo.

Por lo tanto, ¿Qué es ser gorda?

El diccionario Merriam Webster dice lo siguiente:

GORDA: adjetivo

> : Que tiene una gran cantidad de carne extra en su cuerpo: que tiene una gran cantidad de grasa corporal: tener una completa forma redondeada/.

Hoy en día, a menudo, le solemos prestar más atención a las emociones que a la verdad. Ahora por favor, no me malinterpreten. No estoy diciendo que no hay que ser consciente de cómo se siente la gente y que el respeto a las sensibilidades de una persona no debe ser manejado con gracia y empatía. No estoy diciendo eso en lo absoluto.

 Lo que estoy diciendo es que, en un intento de atender a el bienestar emocional de una persona, a veces la verdad se convierte en el cordero del sacrificio y la medicina se convierte en nada más que un placebo.

Mi punto es que la terminología que ahora usamos para describir a una mujer que es gorda. Creo que han hecho más daño y han contribuido a crear una cultura que alienta la dismorfia corporal.

Muchas mujeres, en un esfuerzo de quitarle poder a esa palabra, la han reemplazado con otras como "gruesa", "huesos grandes", "gruesi gruesa", "robusta", "rolliza como un asado, más gruesa que

74

la mayoría", "voluptuosa", "más gruesa que un snicker tamaño gigante", y los sinónimos continúan. Si bien estas palabras nos pueden inducir a sentirnos bien socialmente, la verdad del asunto es que hay una gran cantidad de mujeres gordas caminando por ahí tratando de ocultar sus propios sentimientos de inseguridad mediante el uso de estas palabras.

Lo sé. Solía ser una de ellas.

Durante años me convencí de que yo no estaba gorda, que era "gruesa". En mi mente todo lo que se necesitaba para atraer al sexo opuesto era tener un gran trasero y muslos grandes.

De Verdad?

Nunca me di cuenta de que había descuidado mi grasa abdominal. Aún mejor (o peor), como era "gruesa" me convencí de que yo no tenía necesidad de hacer ningún tipo de ejercicio cardiovascular para perder esa esa grasa abdominal. ¿Por qué? En mi mente loca, pensaba que hacer cardio haría a mi trasero más pequeño.

Delante de la gente puse esta fachada de que yo era "gruesa" y estaba orgullosa. Pero a puertas cerradas me daba vergüenza que pesaba más que mis amigos hombres. Yo media 5'5 y pesaba más de 200 libras. Todos mis amigos hombres median entre 5 '11 "a 6' de altura y pesaba no más de 190-230 lbs.

Un día yo estaba jugando con uno de mis amigos y el trató de levantarme. ¡¡¡Y NO PUDO LEVANTARME!!! Estaba más que avergonzada. Estaba mortificada. Rápidamente le dije que me bajara porque no quería romperle la espalda.

Otra noche que decidí ir a una feria local con varios amigos, fue algo grande para mí porque en el pasado siempre cambiaba de opinión en el último minuto. Este año no lo hice, así que estábamos todos emocionados cuando decidimos montarnos en la rueda juntos.

Cada asiento permite 2 personas. Mi amigo y yo esperamos hasta que el conductor vino para asegurar nuestros asientos poniendo la barra de seguridad frente a nosotros. Intentó varias veces y no podía hacerlo. Yo estaba tan afectada por el tormento que corrí hacia el estacionamiento en lágrimas. Yo estaba demasiado gorda para montarme en la rueda de la feria.

Esa noche, admití que yo no era gruesa.

La naturaleza destructiva de las palabras aparece cuando no hay nada absoluto para medirlo. ¿Tengo curvas en una talla 8 o 22? Cuando las personas son imprudentes con las palabras que utilizan para describir a las personas se abre una "Caja de Pandora" de temas que realmente causan más daño que bien.

No soy una categoría. Soy una mujer y puedo manejar la verdad. Suponer que no puedo es mucho más insultante a que llamarme gorda.

Esto me lleva a una tendencia muy preocupante que alguien recientemente me twitteó. En un esfuerzo por ser solidario con mi causa, una mujer de raza caucásica recientemente twitteó "no te preocupes por tu peso. Los hombres afrodescendientes aman a las chicas gruesas".

Aquí está mi respuesta:

"No a todos los hombres morenos les gustan las mujeres gordas".

Respondí tan rápidamente porque es injusto poner todo de cualquier grupo, en este caso los hombres de raza negra, en una sola categoría. La percepción entre muchas mujeres es que "no te preocupes, si engordas mucho un hombre negro te querrá". Esta

76

percepción no sólo se limita a las mujeres morenas. Lo he oído decir a mujeres de diferentes orígenes étnicos, y honestamente no sé de dónde viene esa percepción. Soy gorda y créeme que no tengo un montón de hombres llamando a mi puerta. Por no hablar de la multitud de hombres morenos que supuestamente tienen una preferencia para mi tipo de cuerpo.

Claro, hay algunos hombres de raza negra que les gusta las mujeres gruesas, pero hay una diferencia entre ser gruesa y ser gorda.

Aquí hay un par de verdades de las que me he dado cuenta:

> 1)Nuestra sociedad está obsesionada con estar delgada. Los entrenadores personales son ahora celebridades;

> 2) El cuerpo de una mujer es el objetivo previsto de la forma más fea del odio de la sociedad.

Las mujeres, especialmente las mujeres gordas, caen en la locura. Vamos a hacer casi cualquier cosa para evitar ser llamados la palabra "G". Algunas mujeres están en un estado de negación absoluta y completa al punto de volverse psicóticas.

Sí, psicóticas. Y aquí es donde entramos en lo que me gusta llamar trucos para gordas.

¿Alguna vez ha arrancado la etiqueta de la ropa porque no querías que tus amigas vean el tamaño real? ¿Alguna vez te has tomado una foto en primer plano donde sólo se destaca el escote y la cara? ¿Alguna vez has tenido solamente una imagen de sus labios, ojos o dedos de los pies y las ha colocado en las redes? ¿Son estas las únicas fotos en tu perfil o en la red? ¿Alguna vez has entrado a las redes y publicado una vieja foto de ti mismo (llámese aparentar), ya que pesabas menos? ¿Alguna vez has hecho algo de eso? Si no lo has hecho entonces probablemente no estás viviendo en el mundo de una niña gorda.

Lamentablemente, si nunca han considerado incluso cualquiera de las anteriores lo que me gusta llamar "trucos de gorda". Entonces no tienen idea de lo que una chica gorda hará sólo para obtener la atención que una chica mucho más delgada tiene fácilmente. Hay muchas mujeres que no juegan los juegos mencionados anteriormente. Desafortunadamente, en este momento de mi vida lo hice, pero de una manera diferente. Me negaba a enviar fotos y siempre insistía en reunirme en persona antes de que vieran como era. En última instancia tenía la esperanza de que me iban a ver a mí y no a mi peso.

Aquí está un ejemplo de ello. Conocí a un chico en línea. Quería conocerlo en persona. Durante este tiempo yo pesaba 230 lbs, conduje todo el camino hasta el Condado de Orange para encontrarme con él. Él fue muy agradable y llegue a pensar que teníamos una conexión. Le envié un mensaje de texto a la mañana siguiente, él no me respondió. Haciendo memoria fue el clásico "Seré agradable y no le diré que me interesa, espero que entienda la indirecta". Me encontré con otro chico en línea y nos pusimos de acuerdo para vernos en una cafetería. Para avivar su testosterona y alimentar la libido le envié una foto mía en bikini. En la foto que le envié, pesaba 250 lbs. Intercambiamos números de teléfono y al llegar le envié un mensaje para que me dijera lo que llevaba puesto para saber a quién buscar. Esperé y, finalmente, él me envió un mensaje diciendo que se había ido porque cuando me vio sintió que estaba demasiado gorda para su gusto. Él sentía que era más gorda en persona que en mis fotos. En este momento de mi vida yo era muy honesta. La imagen que le envié estaba en mi página "Gorda en Los Ángeles". No mentí. Yo estaba devastada porque me había tomado el tiempo para vestirse de negro para lucir más delgada para la ocasión.

No funcionó. Nunca nos conocimos.

Al final del día todo el mundo quiere ser escuchado. Todo el mundo quiere hacerse notar. Es una necesidad primaria. Al igual que la canción de entrada de la serie de televisión "Cheers", que dice, "a veces quieres ir donde todo el mundo sabe tu nombre, y que siempre están alegres de que hayas venido." Estamos diseñados para relacionarnos. Así que no es de extrañar que la gente va a hacer lo que sea necesario para atraer la atención sobre sí mismos, sobre todo en el mundo de las citas.

En una sociedad obsesionada por la delgadez, siempre sobresalgo simplemente debido a mi peso. Ya es difícil ser una mujer en una sociedad dominada por los hombres. Ahora añadir el exceso de peso es como que cubrirse a sí mismo con un manto invisible.

Si eres gordo entonces entiendes lo que es ser invisible. No es divertido. He estado delante de la gente que me ha llamado gorda en mi presencia y tratan de justificarlo diciendo que estaban hablando con otra persona. He estado alrededor de las mujeres que son extremadamente frágiles emocionalmente y no tienen la autoestima que han tenido el valor de decir frente a mí: "al menos no estoy gorda. Me mataría si estuviera gorda".

En serio?

Es como si dijeran: "bueno, no debes molestarte conmigo por algo que te haces a ti misma. No es mi culpa que estés gorda. Supéralo".

Una vez conocí a un tipo que me dijo que era muy dulce, agradable y atractiva. Poco sabía que acababa de ganarse la lotería por decir lo correcto. Seguimos teniendo una gran conversación y realmente disfrutado de la compañía uno del otro. Pero entonces, todo hizo un alto cuando abrió la boca y dijo lo siguiente.

"Me gusta todo de ti, pero tu peso..."
¿¿¿¿¿¿¿¿¿¿¿iiiiiiQUÉ!!!!!!???????????? ¿¿¿¿¿iiiiiDE
VERDAD!!!!!????? Me acabas de decir que te gustaba todo de mí.

(Nunca lo llamé de nuevo. Tres días después me llamó preguntándome dónde había estado. Supongo que creyó que porque yo era la gorda debía tener baja autoestima y debía llamarlo. Muchos hombres piensan que pueden hablarle de cualquier manera a una chica gorda, como si no tuviéramos sentimientos. Sí, lloré cuando me fui a casa, pero no se lo hice saber).

Este tipo de comentarios no se limitan sólo a los hombres. Las mujeres, por desgracia, son mucho más desagradables, y te dicen las cosas en tu cara.

A través de todas mis luchas para encontrar suficiente amor a mí misma, he tenido que protegerme con mayor cuidado de las mujeres. Literalmente trataron de destrozarme emocional y psicológicamente debido a mi peso. Es una locura.

No es ningún secreto que las mujeres observan a otras mujeres de manera más crítica que los hombres. He conocido mujeres más delgadas con algunos de los comentarios más audaces y locos.

Aquí está una lista de algunas de las cosas más salvajes que las mujeres más delgadas me han dicho:

"Mi novio no se sentiría atraído por mí, si ganara peso." "¿Ella tuvo un bebé?" (Esto es un insulto pernicioso debido a la insinuación de que estoy gorda porque tuve un bebé, que no tengo.) "las chicas gordas sólo consiguen chicos después de la medianoche".

"Ningún hombre quiere una mujer gorda...a menos que sea un conformista."

"¿Qué lindos, son un 10 perfecto" (siempre me pareció que era un insulto solapado hacia una mujer gorda que va al lado de un hombre delgado, la gorda siendo el cero, y el hombre delgado siendo el uno.)

Y probablemente lo más indignante que se me dijo fue lo siguiente:

"Me amarraría las encías y me lanzaría por las escaleras si alguna vez engordo".

Sí, estas cosas me las han dicho a mí, en voz alta, en todo su brutal sentido. Es casi increíble. Lamentablemente hubiera querido decir que todo era falso, que ninguna de estas cosas terribles ha pasado.

Pero entonces estaría mintiendo.

Sin embargo, y lo que es aún más indignante, son algunos de los comentarios que otras gordas me han dicho. No van a creer algunos de ellos. Son los siguientes:

"No estoy gorda. Soy una negra grande. Hay una diferencia. Mi peso se distribuye de manera uniforme ".
"Nunca saldría con un tipo gordo."

"Chica, tengo una cara bonita. No soy gorda y fea".

Hay otro fenómeno que se produce entre las mujeres gordas, y eso es lo que me gustaría llamar "Todavía estoy menos." Muchas mujeres gordas miden su propio peso frente a otras mujeres gordas.

"Soy talla 16. No soy tan gorda."
NO PUEDE SER MINIMIZAR LA GORDURA. ¡¡¡¡¡O se está o no se está!!!!!!!

Una vez más, si no fuera por el hecho de que muchas de estas mujeres son de la misma talla que yo no sería tan cómico, pero lo es. Es cómico, y es triste.

Por último, y probablemente una de las realidades más radicalmente viciosas en las mujeres gordas es la división de los pesos cuando se llega a la talla de la ropa. Esto ocurre tanto dentro de la comunidad de mujeres delgadas como de la comunidad de mujeres gordas.

Cuando se trata de la talla de la ropa, mientras más cerca se encuentre en el extremo inferior del espectro de la talla es más aceptable dependiendo del grupo al que pertenece.

Si eres delgada, entonces es más deseable rondar una talla de 2-6 que estar en una 10.

¿Por qué? No lo sé. De hecho, había oído a una mujer que tenía una talla 4 llamar a una mujer que tenía una talla 10, gorda. Del mismo modo, en la comunidad de mujeres gordas una talla 12-16 es más deseable que una talla 22. Se percibe en la comunidad BBW (mujeres hermosas grandes) como un pequeño BBW, o "no tan grande." Esto es algo que muchas mujeres no hablan, pero es una realidad que nos está destruyendo.

¿Cómo comenzamos a odiarnos tanto que empezamos a humillarnos las unas a las otras?

Hay otra área que es una terrible lucha interna que las mujeres deben librar. Es el fenómeno de que una chica flaca se rodea con amigas gordas con el fin de atraer a más hombres. He oído las mujeres dicen "si se quiere atraer a más hombres, conséguete unas cuantas amigas gordas. "El conocimiento tácito es que se van a ver más deseables cuando está de pie al lado de alguien que es gorda. Pero vamos a decir toda la verdad.

Esto no es algo que sólo las mujeres son culpables. He oído decir, "cada mujer gorda tiene una amiga sexy". Los hombres juegan una parte muy importante de esto. ¿Cómo? Me alegro de que hayan preguntado. Echen un vistazo a la letra de la canción "tú y tus amigas" (Wiz Khalifa, Ty $, y Snoop Dogg) Snoop Dogg rapea: "Él quiere a la linda, yo quiero a la gorda, ella vale lo que pesa, Busco una Jennifer Holiday en mi vida". Los hombres no son inocentes sobre de este tipo de explotación.

No siempre he estado en el lugar donde estoy ahora, una mujer segura de que sabe que tiene que bajar de peso. Pensé que había llegado a este nivel antes en mi vida. Pero un incidente en particular, me mostró cómo toda la negatividad a mi alrededor que se centraba alrededor de mi peso se había incrustado en lo profundo de mi conciencia.

Conocí a un chico de Jamaica en Internet. Él era de Nueva York. Habíamos tenido grandes conversaciones y la pasábamos muy bien. De tanto que conversamos por teléfono llegamos a conocernos mutuamente. Finalmente dijo que quería conocerme en persona. Fue muy emocionante porque me sentía como si hubiera llegado a conocerme y estaba bien conmigo. Él había hecho reservas para su viaje a California del Sur y nos pusimos de acuerdo para conocernos.

La foto que había visto él fue de cuando yo pesaba 200 libras. En este momento yo pesaba 230 lbs y no le había dicho que había ganado peso. A medida que los días pasaban y el tiempo para nuestra reunión se hacía más corto las voces de la duda eran tan fuertes en la cabeza que finalmente cedí. En vez de ir a conocer este tipo muy agradable, no fui. Yo lo planté.

¿Por qué? Debido a que tenía demasiado miedo, si me veía con 30 libras más de peso de como lucía en mi foto me rechazaría. En ese momento no podía manejar más rechazo en mi vida, así que me pare y me fui.

Nos hemos mantenido en contacto. Ahora está felizmente casado mantenemos el contacto por Facebook. Nunca supo por qué lo planté.
Hasta ahora.

Había un tipo de Nigeria a quien había conocido años antes. Era alto, chocolate y guapo con una sonrisa Colgate. Tuvimos una conexión, pero no fuimos capaces de continuar por varias razones. Él se fue por su camino y yo por el mío. No hubo resentimientos. Ahora ha vuelto a aparecer y se comunicó conmigo. Pensé que habría sido agradable empezar desde donde lo dejamos ahora que ambos éramos mayores y más maduros. Yo estaba esperando eso hasta que me hizo la pregunta temida: "¿has aumentado de peso"

Me quedé impactada. ¿Cuán valiente tienes que ser para hacerle una pregunta como esa a una mujer, incluso antes de tener la oportunidad de saber cómo está? Era obvio lo que él tenía en mente.

"Sí, he ganado más peso", le dije. (Él no pudo haber comenzado con un hola? Inmediatamente la confianza en mí misma se desplomó.) Más nunca me escribió de nuevo.

OH, AHÍ ESTÁS !!!!

La idea de que mi peso haya hecho que sea transparente es un axioma absurdo. Al llegar a mi destino actual de amor propio ha sido un viaje arduo y, a veces doloroso. ¿Por qué? Porque el amor es una acción que hace uno se admita a sí mismo, definitivamente hay un margen de mejora. En última instancia voy a perder peso, para mí, porque es mi verdad.

Pero igual de absurda es la conflictiva, y radicalmente ofensiva verdad de que una vez que pierda peso de alguna manera voy a aparecer en la pantalla del radar de los hombres que me han ignorado antes. Si no se sienten atraídos por un litro, no vengan sedientos por una botella de Coca Cola. En otras palabras, si no me puedes verme ahora, entonces no mereces el honor de verme cuando esté viviendo más de mi verdad.

No es tu culpa

No me malinterpreten; Y, esto es muy importante que lo entiendan: no tengo nada en contra de una modelo o cualquier mujer que pueda ser delgada. Ese no es el mensaje que estoy tratando de transmitir. De hecho sería hipócrita de mi parte. He conocido a muchas mujeres que son delgadas y me han expresado cómo ellas también sufren de extremo odio a sí mismas. Odian sus cuerpos y se hacen cosas terribles a sí mismas para tratar de liberarse de su angustia mental. Nadie quiere hablar sobre esta trágica parte de la estricta adhesión al código de la mujer súper delgada. Cuando no hay nadie más alrededor muchas de estas mujeres han confiado en mí que ellas desearían ser más como yo, confiadas y no odiándose a sí mismas. Es muy triste.

Entiendo el dolor y la frustración que sienten estas mujeres y estarían completamente fuera de lugar si no dijera que una parte de mí las envidia, pero no a su lucha. Más bien a su metabolismo.

Genéticamente sé que nunca seré un tamaño 2-4, estoy clara con eso. Pero la razón por la que voy a tener esa talla se debe a la misma cosa que muchas mujeres delgadas poseen, y eso es un metabolismo muy indulgente.

Gano de peso cuando veo a los alimentos. Cuando huelo comida el peso sube. No hay manera de que pueda luchar contra eso, por lo que ver lo que como es muy importante.

Por ser una mujer gorda las personas asumen que tienen la licencia para examinar todo lo que yo como, como si me estuvieran haciendo un favor.

Como ya he dicho antes, yo soy fan de la comida Hindú. Un amigo mío hizo una reservación para un restaurante Hindú que visitábamos con frecuencia. El dueño del restaurante salió y preguntó por mí, ya que yo no estaba allí ese día en particular. Le dijo a la pareja de mi amigo: "ella (yo) viene todo el tiempo y come un montón de comida."
Mi amigo estaba mortificado y muy molesto.

Dejamos de ir a ese restaurante.

Un amigo de mi hermana nos llevó de brunch un día. Pedí dos platos, uno para mi tortilla y el otro para algunas de las otras selecciones. Después que la comida llegó, dijo en voz muy alta "wow, seguro tienes dónde poner todo eso" .Todo lo que quería hacer era comer, y después irme. Estaba tan avergonzada. Hubiera querido tener un poco de ese polvo que Campanita guarda en su mochila para rociarlo cuando quiere desaparecer. De esa forma, habría sido capaz de desaparecer bajo la servilleta sobre la mesa delante de mí.

La pregunta clásica que realmente odio es cuando no estoy muy hambrienta y quiero comer una ensalada o un aperitivo. Sin tapujos la persona con la que estoy comiendo SIEMPRE, dice algo como: "wow, debes tener un problema de tiroides", o "¿cómo es que estás tan gorda, si no comes mucho?"

No puedo soportarlo! Realmente me sorprende cómo la misma gente que con tanta audacia escruta cada bocado que meto en mi boca ni siquiera está en forma. No entiendo la desconexión.

Como un yo-yo Dietético profesional he experimentado los altos y los bajos de ganar y perder peso. Soy muy sensible a las emociones de los demás, pero no me atrevo a hacer con ellos lo que me han hecho a mí lo largo de los años.

No voy a hacer lo siguiente:

1. Cuando alguien me diga que está haciendo dieta No me convertiré en el policía que controle sus calorías, preguntándoles acerca de cuántas calorías hay en los alimentos que están comiendo. Eso es muy molesto y hace más daño que beneficio.

2. Cuando alguien me diga que está haciendo dieta no me convertiré en una gourmet consumada para insistir en que me acompañen a probar cada comida que he oído, leído o visto en la red.

3. No voy a tener envidia o mostrar celos o inseguridad cuando una persona comience a perder peso. Voy a animarlos, sabiendo que su éxito no es una amenaza para mí, ni para los que me rodean.

Cuando finalmente me disponga a bajar de peso no voy a empezar a hablar mal de otros que no han tenido tanto éxito como yo. No puedo soportar que la gente que pierde peso, o consigue perderlo a través de una cirugía, se dé la vuelta y empiece a criticar a la gente gorda

Pero, hablando de llamarme gorda. Mi nombre es Amani Terrell, y sí.... yo soy gorda

7

Compras para Gordas

Ir de compras es algo que me gusta hacer. A la mayoría de las amigas que tengo en mi círculo les gusta ir también. No hay nada como la emoción da la terapia de compras. Sin embargo, cuando estás gorda, algo alegre y que alivia el estrés como ir de compras, puede convertirse en una pesadilla.

Hay muchos empleados que asumen que sólo porque eres gorda y caminas en su tienda, quieres comprar allí. Como un animal acechando a su presa, comienzan a realizar un seguimiento de tus pasos tan pronto como entras en su reino. La mayoría de ellos ni siquiera tratan de agacharse y esconderse, se abalanzan sobre ti cuando se presenta la oportunidad. No, ellos llevan el desprecio absoluto por ti en sus caras. El mismo hecho de que estés respirando en su tienda le disgusta. Puedes sentir la tensión cada vez mayor, ya que están tratando de ver la mejor manera de maniobrar y atacarte sin ser obvios.

Siempre son evidentes. Al menos para mí lo son.

Entonces sucede. A medida que llegan delante de mí con las manos torpemente cruzadas delante de ellos, casi como si estuvieran pidiendo perdón, proclaman en voz fuerte y desagradable las palabras que están publicadas en su frente en letras grandes y brillantes.

"No tenemos tallas grandes."

Yo no iba a comprar nada de todos modos.

Hace unos años, en uno de mis viajes de compras tuve el placer de viajar a un área del sur de California llamado Little India. Se encuentra en una ciudad llamada Artesia, en donde vive una gran población hindú. La ocasión por la que estaba de compras era Diwali, un festival hindú más conocido como el festival de las luces.

Había muchas tiendas a lo largo de la principal calle comercial, y después de echar un vistazo por un tiempo, encontré una tienda donde había unos conjuntos que me gustaron. Con mi tarjeta de crédito en mano entro en la tienda y una mujer india como si viera la muerte en mi cara me dice en tono desagradable, "no tenemos tallas grandes." Como ves mi amiga, me quede sin habla. ¿Por qué ésta mujer siente que su trabajo consiste en ser grosera conmigo cuando lo que estaba tratando de hacer era comprarle algo? En ese momento yo pesaba 200 libras, Y estaba completamente mortificada.

Con los años la compra de ropa ha sido una pesadilla para mí. A veces se puede tener una idea acerca de cómo algo se verá en mí. Pero cuando llegas a la tienda y te lo pruebas te disgustas porque no pensaste que se vería así. Para ponerlo en términos sencillos, la talla que necesito realmente es mucho más grande que la talla que pensaba. Hago referencia a esto porque he tenido muchas depresiones en los probadores. La talla que pensé que necesitaba (y en muchos casos estoy en las llamadas tiendas de tallas grandes-) no lo era.

Mucha de la ropa de talla grande no me quedaba bien. Tengo brazos grandes. Se podría pensar que los diseñadores harían ropa con más espacio en la parte superior. Por lo general tengo que comprar una talla más grande que la mía. Nueve veces de 10 tengo que estirar el área del brazo. Si no lo hago mis brazos siempre se ven como salchichas rellenas.

Aprecio el hecho de que hay minoristas en la red que ofrecen más opciones. El mercado de tallas grandes es una industria de mil millones de dólares. Sin embargo, la industria minorista hace caso omiso de las necesidades de las mujeres de talla grande. Cuando entras en tiendas como Wal-Mart sientes cómo la sección de tallas grandes está ahí solo para decir que la tienen. Los modelos son feas y comunes. Parece como si pensaran que queremos parecernos a las mujeres de edad que van a la iglesia.

Del mismo modo, cuando entras a Target los modelos de talla grande son escasos. Cada vez que hago compras en Target a menudo me grito en voz alta ", o soy delgada o estoy embarazada." Decir que la sección de las tallas grandes en Target es invisible es un eufemismo. Cuando fui a Sears le pregunté a la cajera donde se encontraba la sección de tallas grandes. Ella respondió, "no tenemos una sección específica." Los tamaños se encuentran dispersos entre las líneas de ropa, por lo que la compra de mi talla se convierte casi como una búsqueda de huevos de Pascua.

A todos los minoristas por ahí, por favor tomen nota: sólo porque estoy gorda no significa que yo quiero llevar un saco de patatas. Esta es la principal razón por la que quiero mi propia línea de ropa. Las mujeres que son de mí de talla necesitan ropa decente, de calidad y asequible para cada ocasión.

No deberíamos escondernos porque no somos un talla 2.

Hay también lo que me gusta llamar compras de negro. Las compras de negro es cuando el único color que compras de ropa es el negro. Yo solía usar el negro, tanto que la gente a menudo me preguntaban si yo iba a un funeral. Todas las mujeres saben que el negro disminuye la talla, y que las hace parecer más delgadas de lo que realmente son.

Por último, por supuesto, está el famoso "look supe enorme". Yo solía pensar que me haría ver más delgada el ponerme varias capas de ropa y cubrir las zonas abultadas. El objetivo era hacerme parecer más delgada. ¿De Verdad? Nunca se me ocurrió que usar ropa más grande no me hacía parecer más delgada. De hecho, me hacía ver más gorda.

8

Agujero en la Hoja

"Apaga las luces,
Enciende una vela."
Teddy Pendergrass, cantador Americano

Hace años, ni siquiera podía encender la vela que se menciona anteriormente. Ese pequeño rayo de luz que rebota mi propia piel desnuda me disgusta.

Tengo un amigo, un hombre gordo, que tiene intimidad con la ropa puesta. Su novia nunca lo ha visto desnudo. Sé de otra mujer gorda que se cubre con una sábana cada vez que pasa delante de un espejo en su propia casa. Ella asegura de que nunca se dejaba ver ni una pulgada de su cuerpo desnudo. En pocas palabras, a ella le disgusta cómo se ve.

Estas acciones me llevan a un tema muy sensible... La intimidad. Si no dejas de ser susceptible cuando estas a solas con el espejo delante de ti, ¿cómo esperas no ser susceptible delante de otra persona? En las palabras infames de la gran RuPaul, "Si no puedes amarte a ti mismo, ¿cómo diablos puedes amar a alguien más?"

Como una mujer gorda de Los Ángeles, me di cuenta de que no había un montón de hombres que llamaban a mi puerta. Mi padre siempre me enseñó que los hombres querían una mujer emprendedora, inteligente, dulce, divertida, amable y leal. Yo sabía que era todas esas cosas. Pero el resultado final era que los hombres no me encontraban atractiva. Para colmo de males todos los hombres de los que me enamoraba, me rechazaban.

Esto alimentó mi inseguridad, que se convirtió en aislamiento. A medida que estas barreras siguieron creciendo, se hizo más difícil para mí para experimentar la verdadera intimidad con alguien. La verdadera intimidad comienza desde dentro e irradia hacia el exterior. Durante este tiempo en mi vida, yo no entendía que esta verdad fuera un hábito; Me gustaría invitar a un chico en la noche. Me aseguraría de que las luces estuvieran apagadas antes de que pudiera ver mi cuerpo completo. Que ingenua, nunca se me ocurrió que existía el sentido del tacto. Él no podría ver mi cuerpo de gorda, pero podría sentirlo.

La locura nunca se detuvo.

El agujero en la sábana es una metáfora de la barrera que algunas personas prefieren colocar al estar en intimidad. Muchas veces esto ocurre como resultado de problemas de imagen corporal profundamente arraigados. Sí, conozco personalmente a algunas personas que nunca han compartido un momento íntimo con otra persona totalmente al desnudo. Incluso hay algunas que tienen niños y sin embargo nunca han experimentado este nivel de intimidad. Por lo tanto, ese es el Agujero en la sábana.

9

Papá Sabe

Volver a casa después de abandonar la escuela fue una de las últimas cosas que cualquier persona que me conocía habría esperado. De hecho, después de abandonar la escuela a propósito no volví a casa de inmediato, ya que no quería oír el temido: "te lo dije" de mi padre, que me había instado a ir a una universidad comunitaria en lugar de tirarme de cabeza a una universidad. Al igual que el viejo programa de televisión de los años 60 y 70 llamado: "Papá lo sabe todo", mi padre realmente lo sabía. No me lo podía decir en el momento, y si lo hubiera hecho, me habría negado. Probablemente me maldije por no ser madura. Mi inocencia me cegó la realidad al abrigo de querer vivir por mi cuenta.

Algo tan simple como ir a clase se hizo muy difícil porque, bueno, yo era libre de hacer lo que quería hacer. No hubo profesores que me vigilaran y nadie llamaba a mis padres. Yo estaba viviendo en mi propio y ser, más o menos, mi propia mujer. Se dice que si se le da una cuerda a alguien puede hacer una de dos cosas; ahorcarse o convertirse en un vaquero.

Definitivamente me ahorqué a mí misma.

Poner fin a mi carrera en la UC Riverside en la forma en que lo hice, fue una fuente de dolor de cabeza durante muchos años.

Cuando volví a casa en 2004 había ganado más peso. Yo estaba más gorda y mi padre, aunque su intención era buena, me dijo algo que era como hacer rodar una roca encima de mí.

"Estás empezando a aumentar de peso."

Como si no estuviera lo suficientemente mal, ¿por qué cargar mis oídos y mi mente con algo que era obvio para mí? Mi ropa vieja no me quedaba. Yo ya había abandonado la escuela, que fue bastante difícil pues yo era una estudiante inteligente. La mayoría de los chicos de los que me había enamorado, me miraban como si yo no existiera, y ahora mi padre me decía que estaba gorda.

Las personas no se dan cuenta que hay palabras que causan mucho daño. Yo no quería, ni necesitaba escuchar esas palabras que salían de la boca de mi padre. Yo sé que él pensaba que me estaba ayudando, ya que, a lo largo de toda mi vida siempre había sido muy directo conmigo, y yo siempre había reaccionado. Una gran diferencia entre él y yo, era que él trabajó religiosamente y siempre recuerdo que lo hacía desde muy temprano. Su estilo de vida era muy diferente al mío. La pérdida de peso, para él, era en resumen, tan fácil como "ir a hacer eso", o "hacer esto." Pero eso no es lo que yo esperaba, ni en ese momento de mi vida era la forma de responder. Las cosas eran más complicadas que eso. Yo era una mujer que salió herida. Mi ala se rompió y yo necesitaba que se curara para poder salir de nuevo volar. Realmente quería escuchar eso de él, pero, en ese momento, no lo hice.

En todo el tiempo que quería hacer algo sobre mi peso. Me había cansado de estar cansada de ser siempre "la gorda". Tyra Banks había ayudado a darme cuenta de que yo era hermosa y tenía una nueva confianza sobre mi apariencia que nadie podía mermar. Empecé a sentirme muy cómoda y segura sobre mi apariencia general. Además, si Tyra lo dijo tenía entonces que ser cierto, ¿verdad?

Pero mi peso era una cosa totalmente diferente. A veces sentía que tenía su propia identidad, como si no fuera una parte de mí. Por desgracia, esto era lo que la gente veía cuando llegaba. Quería gritar a veces en voz alta que había mucho más de mí que lo que se veía a simple vista. El problema era que había que reconocer lo obvio. Yo estaba gorda.

Otro problema fue que me volví perezosa. En la secundaria yo era muy activa. Ahora no puedo pagar para tomar una clase de aeróbic. Pensaba que subir un tramo de escaleras o caminar alrededor de la manzana de vez en cuando era una gran cantidad de ejercicio. De hecho me gustaría convencerme de que había muchas otras maneras en que podría perder peso en lugar de hacerlo de la manera antigua. Quiero decir, ¿quién quiere sudar y estar cansado? Esa no era mi idea por un buen tiempo.

Un compañero de trabajo estaba inyectándose y perdió peso. Esto me intrigó porque se ajustaba a lo que quería, trabajo mínimo para máximo rendimiento. Lo admito. Yo no quería trabajar tan duro como tendría que trabajar con el fin de dar marcha atrás a los años de abandono a los que había sometido a mi cuerpo. ¿Podría inyectarme para bajar de peso? Me dieron el número de teléfono y marqué inmediatamente. La voz en el otro extremo me atendió y antes de que me diera cuenta ya tenía cita para una consulta. Estaba muy emocionada. Por fin estaba a punto de perder peso.

No hay que decir más, no funcionó, además de que era caro. Había perdido 20 libras inyectándome y tomando supresores del apetito. Cuando me salí de ese sistema había ganado todo el peso anterior, y algo más.

Hace algún tiempo conocí un chocolate, Un hombre afrodescendiente, atractivo, que terminó jugando conmigo y engañándome. Yo estaba detrás de él, y eso que nunca fui el tipo de chica que perseguiría a un hombre, pero aseguro que hice el mejor esfuerzo para estar con él. Fui una estúpida sobre este chico.

Él me engañó con otra mujer y la dejó embarazada con gemelos. Yo estaba devastada.

Como si esto no fuera suficiente tragedia, con el tiempo la mujer con la que me engaño y yo cruzamos nuestros caminos y sucedió lo impensable.

Nos peleamos, hubo un altercado físico. Sí, yo, Amani Terrell peleando por un tipo que, obviamente, había jugado con las dos. Era como un episodio de Jerry Springer, y fue un terrible desastre.

Cuando las cosas se calmaron ella me llamó. Hablamos por teléfono y ella confesó que sabía de mí todo el tiempo. Pero, según ella, había estado diciéndole a todo el mundo que yo era solo una chica gorda con baja autoestima. Mantuve la compostura en el teléfono.

Sin embargo, en realidad, yo estaba tratando de no llorar.

Nunca me había sentido tan humillada en mi vida. El dolor causado por lo que dijo me hirió más que el corte más profundo del cuchillo Cutco más afilado. Después de todo el drama volví con él.

Terminó pasando 1 año en la cárcel. Fue enviado a un centro penitenciario que estaba a unos 45 minutos en coche de mi casa. Para verlo, tenía que salir a las 2 de la mañana de mi casa, así que llegaba a las 3 de la mañana. Llegaba temprano para que pudiera asegurar mi lugar en la fila en donde tenía que atar una bufanda en los carriles fuera de la entrada cárcel. Por lo general, en el momento en que llegaba ya habría al menos 14 bufandas por delante de la mía. Los alguaciles no permiten parquear en el estacionamiento fuera del horario de atención al público.

Después de atar el pañuelo al carril tenía que estacionarme en un supermercado local y poner mi alarma a 6 am. Las puertas las abren a las 8 am. Muchas veces no me levantaba a las 2 am, simplemente me quedaba dormida.

Una de las amigas de los internos me dijo que si llegaba tarde podía comprobar en la página web de la prisión para ver si había tenido un visitante o no. Nueve de cada diez veces que lo hice siempre veía que era una mujer. Cuando lo enfrenté siempre decía que era su "abuela". Creí todo lo que decía como si su palabra tuviera el valor del oro.

Le escribí cartas todas las semanas. En mis días de pago le enviaba dinero. Incluso pagaba para que él me pudiera llamar a mi celular en cualquier momento que quisiera. Me gustaba escuchar un programa de radio donde una gran cantidad de personas llama para enviar dedicatorias a sus seres queridos encerrados.

Me sentaba a recordar sólo los buenos momentos que él y yo compartimos. Yo era fiel y me convencí de que estaba realmente enamorada de ese hombre. La realidad era que yo no tenía ninguna otra opción. Un día una amiga cercana me llama para saber cómo estaba. Me dijo que estaba preocupada por mí. Ella procedió a decir "lo que voy a decirte podría lastimar tus sentimientos y no querrás ser mi amiga nunca más." Apenas le presté atención.

"Cuando él salga de la cárcel, si no lo ves ese día, significa que está con otra mujer." Más tarde me enteré de que muchos de los hombres que están en la cárcel, juegan a tener varias mujeres para tener con quien hablar mientras están encerrados.

Efectivamente, cuando fue liberado no me llamó. Yo no lo vi hasta una semana después que salió. Seguí visitando el sitio web de prisión con la esperanza de que aún estuviera encerrado, pero siendo joven e ingenua continué con la esperanza de que mi amiga simplemente "estaba celosa". Al final, ella estaba siendo una verdadera amiga. Esa revelación me vino después, porque en ese momento no pude ver los árboles en el bosque. Mi padre me preguntó si yo estaba desesperada. "Si necesitas un par de pantalones puedo llevarte al centro al distrito de Gannent y comprar un par," dijo.

Él estaba en lo correcto. Estaba desesperada. Nadie me quería debido a mi peso. Yo estaba dispuesta a vivir mi vida en torno a una visita de 15 minutos en prisión.

No tuve citas por un tiempo después de eso. Simplemente no valía la pena expresar mis sentimientos por ahí para que fueran pisoteados por alguien que sólo vería que estaba gorda. Yo era gorda, y eso no cambiaría tan rápido. Lo sabía. Todo el mundo lo sabía.

Cuando era una niña mi madre era amiga de una oficial de policía abiertamente homosexual que vivía su vida a la vista de todos. Ella era muy buena en lo que hacía y sirvió a la comunidad con toda su pasión. No trató de ocultar el hecho de que ella era quien era.

Allí estaba ella, viviendo su vida a la vista de todos con su pareja mientras sirve a la comunidad. ¡Habladurías a mis cojones! Estoy seguro de que ella tenía muchos muros que enfrentar, pero a pesar de todo exhibió fuerza y una alegría de vivir que, a medida que me hacía mayor, realmente empecé a admirar.

Al final del día, a ella no le importaba un comino lo que la gente pensaba. Ella vivió su vida y era como "¿y ahora qué?"

Empecé a adoptar esa misma actitud. Dejé de preocuparse por lo que la gente pensaba de mí. Yo no era una cosa, ni era un producto. Yo era una mujer que esperaba lo mejor.

Eso no quiere decir que tenía esa actitud todo el tiempo. Diablos, a veces no entiendo nada en absoluto. Como aquella vez que a una amiga se le accidentó el coche en una gasolinera y fui a ayudarla. Cuando llegué allí un extraño la estaba ayudando y, por ser educada, hice una pequeña charla con él. Mi amiga es baja y delgada. Él le comenta lo baja que es y luego se vuelve hacia mí y dice lo siguiente.
"Eres grande."
¿De Verdad? ¡Ten un buen día, idiota!
Al mismo tiempo conocí a un chico de Argelia. Él tenía el cutis de caramelo, con los ojos color avellana y un acento sexy. Él era muy encantador y muy, muy atento conmigo. Nos vimos muchas veces y cuando lo hacíamos se encendían chispas. La química entre nosotros era innegable y disfrutamos mucho nuestro tiempo juntos. Él estaba realmente en mí. Aceptó mis fortalezas y mis debilidades. Me sentía muy segura con él y pude compartir mi corazón con él. Teníamos un lazo tan fuerte. Era como si nada nos pudiera separar.

Después de una noche memorable de romance y pasión, me hizo una pregunta.

"¿Te gusta la ensalada?"

"¿Por qué", le pregunté?

"Tu deberías tratar de perder algo de peso", respondió.

Yo pesaba más de 250 libras; Acababa de decidir abrir mi corazón de nuevo después de años de abandono y el dolor, ¿y ahora esto? Lloré con tanta fuerza que no podía recuperar el aliento. Se preocupó mucho y me abrazó fuertemente, diciendo que lo sentía por hacerme llorar. El no entendía. El daño ya estaba hecho. Una vez más mi peso era el feo fantasma que tomó algo de mí que realmente importaba. Después de que había construido un muro para proteger a mis emociones. Sea lo que fue que tuvimos, en este caso, se había ido.

Al pasar el tiempo miembros de mi familia empezaron a preguntarme sobre mi peso, pero no a mí directamente. Hablaban con mi madre y comenzaron a hacer preguntas como "ella esta deprimida, ¿está bien?" ¿DE VERDAD?

Si querían saber algo sobre mí deberían haberme preguntado y dejar a mi madre fuera de esto. ¡Lo peor del caso es que todos ellos tenían sobrepeso! Odiaba eso y me hizo tener una gran cantidad de resentimiento hacia ellos, no era justo que le cayeran a mi madre con ese aluvión de preguntas. Era como si ella estaba en el estrado de los testigos y ellos fueran el fiscal.

Como regla general, cuando una persona ha ganado peso, sabe que las libras de más no eran despachadas durante la noche por FedEx.

Son muy conscientes de que sus ropas ya no les quedan. Lo peor que puedes hacer es empeorar las cosas preguntando a otras personas por qué están subiendo de peso.

¡NO LO HAGAS!

10

Ruth Terrell

En abril de 2010, mi familia se dio cuenta de que mi madre empezaba a perder peso. Mi hermana y yo estábamos realmente felices por ella. Sin embargo, con la pérdida de peso comenzó a quejarse que cada vez que comía ciertos alimentos le hacían daño a su estómago. Ella comenzó a tomar jengibre y leche de magnesia para aliviar el dolor. El cumpleaños de mi hermana fue el 10 de abril de 2010. Fuimos a un restaurante para celebrar, pero en ese momento mi madre estaba cada vez más delgada. Todo el mundo pidió sus entradas pero mi madre sólo ordenó un pequeño trozo de pollo con brócoli. Yo sabía que algo estaba mal. Le rogamos que fuera al hospital para asegurarse de que todo estaba bien.

Su médico le ordenó una biopsia. Todos esperamos que los resultados, y cuando llegaron los resultados no fueron buenos. Ella fue diagnosticada con cáncer de páncreas.

Mi familia no lo supo, pero esa noche lloré como nunca había llorado antes. Las lágrimas corrían más profundo de lo que sabía que eran capaces de hacer. El abuelo de mi amigo había muerto un año antes de cáncer de páncreas y sabía que era una de las más dolorosas formas de cáncer que había.

En mayo mi hermana me llamó y me dijo que la madre no quería ir al médico. Ella había estado sangrando. Inmediatamente me dirigí a su casa. Cuando entré mi madre me dijo: "No sé por qué ella te llamó, Lanore. Yo Estoy bien y no voy a ninguna parte."

"Sí, que vas", dije, "incluso si tengo cargarte y llevarte yo misma."

Empezamos a discutir. Mi madre era de la vieja escuela en la que su papel como madre significaba que lo que decía no era para ser cuestionado. Nunca se nos permitió cuestionarla. Pero, como consecuencia de las circunstancias que ahora nos ocupa, no le no presté ninguna atención a lo que acababa de decir. Iba al hospital.

A su llegada a la clínica el médico me aconsejó que mi madre debía ser hospitalizada lo más pronto posible. Al día siguiente el médico nos dijo que sus órganos se fueron debilitando.

Sólo habían pasado seis semanas desde que se le diagnosticó el cáncer. Cuando el médico salió de su habitación, ella se puso a llorar y grito: Dios, "¿por qué me haces esto a mí?" Todo lo que podía hacer era mostrarme fuerte para ella. Mi dolor interior era tan fuerte que mi propia ira comenzó a hervir. No era justo que mi madre atravesara por el dolor, la enfermedad y la muerte. No era justo que las cosas estuvieran sucediendo tan rápido. Me sentía sola y vacía por dentro, pero sabía que mostrar mis emociones no mejoraría la situación, así que me quedé en silencio.

Después de tres semanas, el doctor le dio de alta para que pudiera convalecer en casa. No había nada más que pudieran hacer por ella.

Nunca expresé a mi madre lo que sentía. Yo sé que ella lo sabía. Una madre conoce a su hijo. Un día me pidió que me sentara a su lado para poder hablar conmigo. Me senté en la silla y la miré fijamente durante unos 5 minutos antes de romper a llorar. La recuerdo abrazándome y diciéndome que iba a estar bien y que cuidara a mi hermana.

Esa fue la última conversación que tuve con mi madre. Poco después, su salud se había deteriorado hasta el punto en que tuvo que ser internada de nuevo en el hospital. Era el 15 de junio de 2010. El 18 de Junio mi hermana se graduó de la universidad. Cuando ella estaba recibiendo su diploma sonó mi teléfono. Era el médico.

"Su madre ha emporado. Necesitamos su autorización para desconectarla de la máquina de respiración asistida".

La situación de ver a mi hermana a pie por el escenario para recibir su diploma y escuchar el médico que me pedía que desconectara a mi madre del respirador era más de lo que podía manejar. Empecé a llorar histéricamente afuera en el pasillo. Yo sabía que mi hermana iba a estar mirándome, así que rápidamente me repuse y volví a entrar en el auditórium, con los ojos rojos.

Mi hermana y yo salimos de la graduación rápidamente al hospital. Cuando llegamos mi madre estaba inconsciente. Recordé cuando ella todavía estaba viva y me dijo que ella no quería mantenerse viva por una máquina. Tuvimos una reunión familiar y decidimos desconectarla del respirador, al día siguiente. No quería verla sufrir más, pero tampoco quería dejarla ir. Era tan estresante observarla allí, sin vida y en una fracción de su tamaño normal. Yo sabía que lo hubiera querido. Les di permiso para desconectarla del respirador. El médico me aseguró que sería rápido.

"No debería tomar más de 3 horas antes de que se haya ido. Podemos hacerlo lo más cómodo posible, "dijo.

Creo que la fuerte voluntad de mi madre se impuso, o tal vez era ella que no nos quería dejar. Pero, después de haber tomado la decisión, pasaron 6 horas antes de que ocurriera el momento final.

Mi Madre falleció el 19 de junio de 2010 a las 8:30. Hay algunas fechas que nunca se olvidan.

Se corrió la voz de lo que le había ocurrido a mi madre. El departamento de policía quería ayudar con los preparativos del funeral. Mientras se hacían los preparativos, conocí un Oficial sexy. Una alta y educada "bola de vainilla", sin duda, un ¡árbol que me hubiera gustado trepar!

Con los años, mi madre tenía amigas que o estaban casadas con un policía o tenían una relación con ellos. Según ellas, relacionarse o casarse con un policía era como ganar la lotería. El lado positivo era que tenían un crédito excelente, estabilidad laboral, prestaciones y una pensión. El inconveniente era que al parecer eran unos perros supuestamente... juguetones.

Muchas de sus amigas hacían hincapié en la importancia de mantenerse en óptimas condiciones físicas. ¿Por qué? Porque sabían que estaban en competencia con otras mujeres que estaban mejor físicamente conocidas como "conejitas de portada". Estas mujeres se aprovechaban de los hombres que eran agentes de policía sin tener en cuenta si estaban relacionados con otra persona o no. Ellas sabían que tenían que hacer todo lo posible para mantener el fuego entre ellas y sus hombres. Una de las amigas de mi madre se comía un platillo sólo para mantener las calorías lejos y no engordar.

Envié un correo electrónico al oficial atractivo diciéndole qué tan lo guapo que era. Él fue muy educado en su respuesta. Admitió que mi correo le hizo sonrojarse. Sin embargo, me dio a entender que él no estaba interesado en mí. Sinceramente, no me sorprendió. La mayoría de los hombres blancos que conozco prefieren las mujeres que están en forma. Aun así, me pregunto si alguna vez se pensó en el sabor del chocolate.

A pesar de que me rechazó, el nunca dejó de apoyarme. Mi tía dijo en el funeral, "todos en el funeral no estarán por mucho tiempo". Odio admitirlo, pero ella tenía razón.

Tras la muerte de mi madre, muchos de sus llamados "amigos cercanos" me dijeron que si necesitaba algo que estaban "a sólo una llamada telefónica de distancia." ¿En serio? Aprendí que, como la vida, ciertas relaciones tienen una fecha de caducidad también.

Aparte de todos los "amigos" de mi madre, el Oficial atractivo y el Sr. Edmond Woods (R.I.P) estaban también allí. El Sr. Woods me llamaba religiosamente todos los meses desde la muerte de la madre para saber cómo estábamos, hasta que murió. Él siempre quería saber si necesitábamos algo, y si estábamos bien. De la misma manera el Oficial atractivo siempre respondió a mis correos electrónicos, cuando era necesario. La parte interesante es que me encontré con él después de que mi madre murió. Aprecié mucho su apoyo.

Sin embargo, para ser honesta conmigo misma como una mujer adulta, quería más que eso. Yo quería ser arrestada por él o por lo menos jugar a policías y ladrones. Vamos chicas, sé que no soy la única que tiene fantasías con un policía.

Después del funeral de mi madre, realmente empecé a reflexionar sobre los acontecimientos que rodearon su muerte. La forma en que murió me golpeó como una tonelada de ladrillos. Sé que no debería cuestionar a Dios, pero ¿por qué mi madre? Cuando ella murió, yo pesaba 275 libras. Dios debe haber enviado a sus guerreros de la oración, porque mi alimentación está directamente relacionada con mi nivel de estrés. Cuanto más estresada estaba, más atracones de comida me daba. Algo para resaltar durante ese tiempo en mi vida, es que dejé de darme atracones de comida, lo que verdaderamente cuento como una bendición.

No tenía a nadie con quien hablar fuera de mis amigos y familiares. No quería un novio, sin embargo necesitaba a alguien para desahogarme. Se hizo costumbre llorar cuando iba a dormir cada noche. La muerte de mi madre se había convertido en el elefante rosa de la habitación. Simplemente no hablamos de ello. Es un tema muy delicado. Es tan delicado que no hemos comprado una lápida para su tumba ni la hemos visitado desde que la enterramos.

A pesar de que mi abuela murió un año antes, al menos con su muerte tuve tiempo para prepararme emocionalmente. Sin embargo, cuando murió mi madre, sólo fueron 6 semanas desde el momento en que la diagnosticaron hasta el momento en que se fue. No había tiempo para prepararse emocionalmente para el vacío que traería su muerte. Fue literalmente como sacar de forma inesperada la alfombra que tenía bajo mis pies. No le deseo a nadie esas emociones, sea amigo o enemigo.

Desde 2010 hasta el 2013, me volví emocionalmente inaccesible. En el 2013, volví a reconectarme con mi "ex" de El Salvador. Era muy dulce, amable, cariñoso y protector. Los dos estábamos emocionados de vernos. A menudo recordábamos el pasado sobre todos los tiempos divertidos que pasamos. Un día después de la cena, murmuró algo que no oí muy claramente. Le dije que repitiera, y en voz baja me dijo: "Me gustabas más delgada. "Tu forma me atraía". A lo que respondí: " ¡aquí vamos! "Fui al armario para buscar la balanza. Me paré en ella y grité en voz alta

"!250 libras!"

"!Si no quieres estar conmigo, bien!" Fue en ese momento de mi vida que me di cuenta de que me sentía más cómoda confiando en mis propias emociones. Me negaba a estar con alguien que se estaba conformando. Después de eso, mis sentimientos hacia él cambiaron. Ya no me importaba estar con él. En el fondo de mi mente, siempre sentí que él estaba conmigo hasta que encontrara alguien más delgada en su camino.

Me sentía como un comodín.

Mi viaje para llegar adonde estoy ahora ha sido muy doloroso. No siempre he sido la Amani que podría lucir un bikini por Hollywood Blvd. Mi voz externa no siempre ha sido de confianza y apoyo. Antes de que pudiera ayudar a otras personas, tuve que aprender a ayudarme. ¿Ha sido fácil? No, pero aún sigo adelante con la confianza de saber que mi historia puede tocar alguna vida.

Tal vez alguien ha tenido que lidiar con ser despreciada intencionalmente. Tal vez alguien ha amado y no ha sido correspondido. Sea lo que sea, yo he estado allí y lo entiendo. Una cuerda es mucho más fuerte cuando es trenzada con otra hebra, y sé que eso es cierto. Es más fácil atravesar los problemas en la vida acompañados que solos. Es posible que tu destino no sea andar por el boulevard de Hollywood vistiendo un bikini.

Tal vez sea más grande.

Hola, mi nombre es Amani Terrell y soy una mujer hermosa.

CONCLUSION

Tal vez se pregunten cómo estoy. Desde mi infame paseo por Hollywood Blvd, he aparecido en un programa de televisión nacional al mediodía. Una de las ventajas de estar en ese programa fue que me asignaron un entrenador personal. Es el dueño de un gimnasio privado en Redondo Beach, CA llamado Core Fitness. He estado entrenando en Core Fitness desde entonces.

En nuestro primer encuentro, al pesarme tenía 280 libras. ¡Estaba horrorizada! Hasta ese entonces, pensé que pesaba 260 libras (eso es lo que le dije al reportero .. .oops!)

A lo largo de mi viaje, han transcurrido días buenos y días no tan buenos. Actualmente peso 210 libras y sigo bajando. Así es, he perdido ¡70 libras! Ha sido un trabajo muy duro, pero no lo cambiaría por nada.

¡Nos vemos!